Galletti Matter

66   De aedibus

à Maud et Camille

Galletti Matter

Quart Verlag Luzern

Galletti Matter
66. Band der Reihe De aedibus / Volume 66 of the series De aedibus

Herausgeber / Edited by: Heinz Wirz, Luzern
Konzept / Concept: Heinz Wirz; Galletti Matter, Lausanne
Projektleitung / Project management: Quart Verlag, Linus Wirz
Textbeiträge / Articles by: Bruno Marchand, Lausanne S. / p. 8–15, 141–142
Projekttexte / Project descriptions: Galletti Matter; ausser / except: André Lappert – Architecture
du Silence, Montreux (Akustiker / acoustician) S. / p. 107 (Raumakustik für einen Hörsaal /
Architectural acoustics calibrated along the needs of an academic audience)
Vorwort / Foreword: Heinz Wirz
Textlektorat Deutsch / German text editing: Miriam Seifert-Waibel, Hamburg
Textlektorat Englisch / English text editing: Benjamin Liebelt, Berlin
Übersetzung Französisch–Deutsch / French–German translation: Christian Rochow, Berlin
Übersetzung Französisch–Englisch / French–English translation: John Baker, Neschers F
Übersetzung Deutsch–Englisch / German–English translation: Benjamin Liebelt S. / p. 7 (Notat)
Fotos / Photos: Galletti Matter, Lausanne S. / p. 6, 12, 17 (unten links und rechts / bottom left and
right), 31 (unten rechts / bottom right), 37 (unten / bottom), 42–45, 47, 49 (unten rechts / bottom
right), 55 (unten rechts / bottom right), 61 (unten rechts / bottom right), 69 (mitte rechts / centre
right), 76, 77, 79, 81 (unten rechts / bottom right), 87 (unten rechts / bottom right), 91 (unten rechts
/ bottom right), 95 (mitte / centre), 107 (mitte rechts / centre right), 113 (mitte rechts / centre right),
118, 119; Thomas Jantscher, Milvignes S. / p. 8, 9, 24, 25 (oben und unten / top and bottom), 27 (oben
und unten / top and bottom), 29, 30, 31 (oben und unten links / top and bottom left), 33 (oben und
unten / top and bottom), 34, 35, 48, 49 (oben und unten links / top and bottom left), 51, 52 (oben
und unten / top and bottom), 53, 60, 61 (oben rechts / top right), 61 (unten links / bottom left), 63
(oben und unten / top and bottom), 65–67; Lionel Henriod, Lausanne S. / p. 10, 11, 13–15, 54, 55
(unten links und unten rechts / bottom left and bottom right), 57–59, 68, 69 (oben und unten / top
and bottom), 71, 73–75, 80, 81 (oben rechts und unten rechts / top right and bottom left), 83, 84,
85 (links und rechts / left and right), 86, 87 (oben rechts und unten / top right and bottom), 89 (oben
und unten / top and bottom), 90, 91 (oben rechts und unten mitte / top right and bottom centre), 93
(oben und unten / top and bottom), 94, 95 (oben und unten rechts / top and bottom right), 97 (oben
und unten / top and bottom), 99, 100, 101 (oben und unten / top and bottom), 103–106, 107 (rechts
und unten mitte / right and bottom centre), 108 (unten links und rechts / bottom left and right),
109, 111, 112, 113 (oben rechts und unten mitte / top right and bottom centre), 115–117; Fausto
Pluchinotta, Genève S. / p. 16, 17 (unten mitte und oben rechts / bottom centre and top right), 19
(oben und unten / top and bottom), 21, 23; Noé Cauderay, Reverolle, S. / p. 36, 37 (oben rechts / top
right), 38, 39, 41; Alexandre Pilloud S. / p. 136 (oben und unten / top and bottom)
Grafische Umsetzung / Graphic design: Quart Verlag
Lithos: Printeria, Luzern
Druck / Printing: Printer Trento S.R.L., Trento I

Egalement publié en allemand/français / Ebenfalls publiziert
in Deutsch/Französisch (ISBN 978-3-03761-156-2)

Quart Verlag GmbH
Denkmalstrasse 2, CH-6006 Luzern
books@quart.ch, www.quart.ch

De aedibus 66 – Notat
Heinz Wirz

Ein architektonisches Werk – einzelne Aspekte davon – lässt sich bisweilen aus dem biografischen Hintergrund der Architekten selbst erschliessen. Dies gilt in besonderem Mass für die Bauten, die in diesem Band versammelt sind.

Die Biografien der beiden Lausanner Architekten sind aussergewöhnlich. Aussergewöhnlich in Übereinstimmungen und in Divergenzen. Claude Matter ist die Tochter einer Künstlerin aus Lausanne, Olivier Galletti der Sohn einer Literaturliebhaberin aus dem Wallis. So haben sie gelernt, über Kategorien und Mittel der Kunst und der Literatur nachzudenken und diese – gleichsam metaphorisch – in die Architektur zu übersetzen. Unmittelbar anschliessend an ihr Studium an der EPF Lausanne gründeten die beiden jungen Architekten 1989 ihr eigenes Büro. Nach dem Gewinn eines Wettbewerbs führten sie dieses 17 intensive Berufsjahre lang. Diese Kollaboration brachte sowohl etliche Wettbewerbsbeiträge mit beachtlichen Erfolgen hervor als auch ein reiches Werk an realisierten Bauten. 2007 entschloss sich Olivier Galletti, der Architektur aus einer ganz anderen Perspektive zu begegnen. Mit Engagement und Leidenschaft wirkte er als Kantonsarchitekt im Kanton Wallis. Er nahm an circa 100 Jurysitzung teil und war Mitglied verschiedener Kommissionen, die sich mit historischen Stätten und Gebäuden von nationaler Bedeutung befassen. Politik und Kulturpolitik bereicherten seine Erfahrungen. 2015 kehrte er wieder als entwerfender Architekt in das gemeinsame Büro zurück.

Die Entwürfe von Galletti Matter führen über logische Konstruktion und stringent strukturierte Grundrisse hinaus zu Kategorien des Raums und der Raumbildung, des Ausdrucks und der Wirkung des Materials, der Formen, der Farben, der Plastizität. Ihren Bauten wohnt eine bewusst eingeführte Poesie inne. Sie erzählen vom Ort, von der Umgebung, von dessen Stimmungen. Die Architekten entwerfen mit Leidenschaft, mit Gefühl – was bisweilen ihre genetische Herkunft verrät. Dieses Einbringen einer persönlichen künstlerischen Passion erinnert mich an Phaidros' Schilderungen in Paul Valérys *Eupalinos oder der Architekt*: «Aber alle diese Feinheiten, bestimmt, die Dauer des Bauwerks zu sichern, waren eine Kleinigkeit im Verhältnis zu denen, die er gebrauchte, wenn es sich darum handelte, die Erregungen und Schwingungen vorzubereiten, die in der Seele des künftigen Betrachters seines Werks entstehen sollten.»

Luzern, im Juni 2017

De aedibus 66 – Notat
Heinz Wirz

An architectural work – or individual aspects of it – can sometimes be grasped in terms of the biographical background of the architects themselves. That especially applies to the buildings presented in this volume.

The biographies of the two Lausanne architects are exceptional. Exceptional in terms of their concurrences and divergences. Claude Matter is the daughter of an artist from Lausanne, while Olivier Galletti's mother stems from the Valais region and is passionate about literature. So they have learnt to consider the categories and means of art and literature, translating them – like a metaphor – into architecture. Immediately after their studies at the EPF Lausanne, the two young architects founded their own office in 1989. After winning a competition, they led it together over an intensive period of 17 years, producing countless competition entries with impressive successes and a wealth of constructed buildings. In 2007, Olivier Galletti decided to engage with architecture from a completely different perspective. He worked with commitment and passion as the Valais Cantonal Architect, participating in around 100 juries and working on various committees supervising historical sites and buildings of national importance. Politics and cultural policy enhanced his experience. In 2015, he returned to his work as a designing architect in the joint office with Claude Matter.

The designs by Galletti Matter go beyond logical construction and stringently structured floor plans into categories of space and spatial development, expression and the effect of the materials, forms, colours and plasticity. It is certainly no coincidence that their buildings have an inherently poetic nature. They narrate the location, the surroundings and their atmospheres. The architects design with passion and touch – as is occasionally revealed by their family background. This application of personal artistic passion is reminiscent of Phaedrus's explanations in Paul Valéry's *Eupalinos or the Architect*: "But all these subtleties, which were defined to ensure the building's longevity, were a trifle compared to those he used in preparing to stimulate and thrill the soul of the future observer of his building."

Lucerne, June 2017

Bild links / Left:
Getrocknete Lilienblätter, Motiv für Markise und Küche (Erweiterung Wohngebäude) / Dried lily leaves, motif for the marquee and kitchen (Extension for a residential building), Lausanne, 2009

Zeitschichten, Flechtwerk, Oberflächen
Bruno Marchand

In einem Gespräch, das in der Zeitschrift *L'Architecture d'aujourd'hui* veröffentlicht wurde, erklärte Alvaro Siza: «Die beste Ausbildung für einen Architekten [ist], die Dinge direkt zu sehen.» Verstehen mit dem Auge, den Eindruck von Orten erfassen – ich bestehe gegenüber meinen Studenten in der Tat auf der unerlässlichen Notwendigkeit, die architektonischen Objekte, die untersucht werden wollen, persönlich in Augenschein zu nehmen. Ich versuche ihnen nahezubringen, dass – auch wenn wir in einer Gesellschaft leben, in der das Bild vorherrscht – eine Publikation, selbst eine sehr gut gemachte, niemals die Anwesenheit vor Ort ersetzen kann. Sie allein gibt einem die Möglichkeit, den Raum, die Atmosphäre, die Lichtspiele, die Textur der Materialien etc. zu erfassen.
Ich unterziehe mich in Begleitung von Claude Matter mit Vergnügen dieser Übung. Sie und Olivier Galletti haben mich eingeladen, eine kritische Würdigung ihrer neuesten Arbeiten zu verfassen. Ich will mich folgerichtig hier auf die Analyse jener Objekte beschränken, die wir gemeinsam besichtigt haben. Dabei versuche ich, nicht nur die Qualitäten ihrer Projekte und Realisationen zu umschreiben, sondern auch die Empfindungen zu vermitteln, die diese Werke in mir wachgerufen haben.

Rinden, Astwerk
Am Ufer des Sees zeigt sich uns an einem Herbstmorgen das neue Wohnhaus der Architekten Olivier Galletti und Claude Matter, das 2009 entworfen und 2013 fertiggestellt wurde. Das Landschaftsbild ist prächtig: ein bewaldeter Park auf der Colline du Languedoc, auf deren Gipfel eine meisterliche Villa aus den 1930er Jahren steht, von deren beherrschender Position aus sich ein wundervoller Ausblick Richtung Süden und in die Alpen bietet.
Das kürzlich errichtete Haus ist eindrucksvoll. Es befindet sich auf der Terrasse eines vor rund 20 Jahren von den Architekten errichteten Gebäudes, eines Werks von bemerkenswerter Jugendlichkeit mit Anklängen an Luigi Snozzi, der seit Beginn ihrer Karrieren eine Inspirationsquelle für beide Architekten war. Im neuen Gebäude befinden sich auf mehreren Etagen Büroräume, ein ebenerdiges «Stöckli», dessen Terrasse auf dem Dach des ehemaligen Gebäudes liegt, und schliesslich die neue, sich über zwei Etagen erstreckende Familienwohnung der Architekten.
In dem Augenblick, in dem wir vor der Eingangshalle ankommen, beleuchtet ein Sonnenstrahl die Fassade; die Verkleidungsplatten aus eloxiertem Aluminium fangen das Licht auf, werfen gelbe und grüne Lichtblitze und glänzen einen flüchtigen Augenblick lang wie mattes Gold. Diese in

Erweiterung Wohngebäude /
Extension for a residential building,
Lausanne, 2009

Temporalities, weaving, surfaces & Co.
Bruno Marchand

During an interview published in the journal *L'Architecture d'aujourd'hui*, Alvaro Siza stated that "the best way for an architect to learn [was] to see things directly". Understanding by seeing, gaining an impression of the location: with my students, I stress the absolute need to visit the architectural objects they are studying. Even if we live in a society in which images are predominant, I try to explain to them that however good a publication is, it will never replace a visit in situ which offers the chance to perceive the space, the atmospheres, the shades of light, the textures of the materials...
I was delighted to do just that in the company of Claude Matter when she and Olivier Galletti invited me to write a critical text on their most recent work. I will therefore limit myself here to an exploration of the buildings we visited together, endeavouring to reproduce not only what I understood about the content of their projects and achievements but also the emotions they awoke in me.

Bark and branches
Early morning on an autumn day overlooking the lake in Lausanne: the new house designed by the architects Olivier Galletti and Claude Matter in 2007 and completed in 2009 rises up before us. The setting is magnificent – a wooded park on the Colline du Languedoc with a luxurious 1930s-style house sitting at the top of the hill enjoying sweeping views southwards and over the Alps.
The recently-built house is quite imposing as it stands on the terrace of another house built below it almost twenty years ago, a distinguished early work reminiscent of Snozzi, who was a source of inspiration when the architects were only just starting out. The successive levels are home to office areas, a single-storey stöckli with its terrace on the roof of the first project and a new, two-storey apartment housing the architects' family programme.
Just as we arrived at the entrance porch, a ray of sun struck the façade; the anodised aluminium plating suddenly caught the light, reflecting yellow and green flashes and, for a brief moment, glints of tarnished gold. Clipped with visible folds, these elegant panels give the impression of an artificial bark, both fragile and resistant.
The building draws its inspiration from the site and the existing trees, creating complex relationships with the surrounding reality: the volumes reflect the foliage while inside, the space weaves visual ties with the trees and the lake beyond, primarily through framed viewpoints precisely situated.
The floor plan of the entrance level of the new house – raised off the ground and accessed from

Fünfpunktanordnung mit sichtbaren Falten ver-
klammerten Platten sind elegant; sie vermitteln den
Eindruck einer zugleich fragilen und widerstands-
fähigen künstlichen Baumrinde.

Die gebaute Form ist inspiriert vom Gelände und seinem Baumbestand und stellt komplexe Beziehungen
zur Umgebung her: Das Volumen tritt formal in Dia-
log mit dem Blattwerk, während die Räume im Inneren Sichtbezüge zu eben diesen Bäumen und darüber hinaus zum See herstellen, besonders durch
gerahmte und genau festgelegte Ausblicke.

Der Grundriss des Eingangsgeschosses des neuen
Hauses – das etwas erhöht ist und vom Park aus
über eine gerade Treppe erschlossen wird, die
gleichzeitig als Schutz für das Holz dient –, ist zen-
trifugal und unregelmässig. Er strahlt von einem
Kamin aus, der als Kraftzentrum die Orte gliedert.
Auf diese Weise legt er sich über die Frontalität
und Orthogonalität des ersten Hauses, senkrecht
zur Neigung des Hangs, und verbindet zwei Struk-
turen, die unterschiedlich auf die Umgebung eingehen, zu einem Ganzen: die Masse der in der Erde
verankerten Betonmauern und die Leichtigkeit der
Aluminiumtafeln, die den Park widerspiegeln.

Von der Eingangshalle aus, einem engen und recht
dunklen Vorraum, werden wir instinktiv nach rechts
(auf der linken Seite setzt eine Gruppe von intimen
Rückzugsräumen den Besuchern eine natürliche
Grenze) zum Kamin geleitet, hinter dem sich ein
nach innen orientiertes Zimmer befindet, das durch
ein hohes Fenster belichtet wird, welches das Ast-
werk der Bäume wie ein Bild rahmt.

Beim Umdrehen entdecken wir einen weiten, ziemlich niedrigen Raum, der als Büro und Wohnraum
dient; in der Längsrichtung wird der Blick, akzen-
tuiert durch ein leicht geneigtes Dach, zu einem
aus der Mitte verrückten horizontalen Fenster ge-
führt, hinter dem sich die Landschaft des Sees
und der Alpen entfaltet. An der Seite findet sich
eine offene Küche, an die sich eine gerade Treppe
anschliesst, die zum Geschoss mit den Schlafzimmern hinaufführt, «Refugien» unter dem Dach mit
unregelmässigen Ecken; unwillkürlich musste ich an
Gaston Bachelards Formulierung vom «Aufstieg in
die ruhige Einsamkeit» der Dachböden denken.

Wie die meisten Häuser von Galletti Matter bietet
auch dieses mit der Offenheit der Wegführung und
den Aus- und Durchblicken ein echtes räumliches
Erlebnis. Diese Abwechslung wird noch gesteigert
durch die Präsenz verschiedener Raumstimmungen,
die durch den Einsatz unterschiedlicher Materialien
erzeugt werden. Diese Materialien sind häufig unverkleidet und verleihen dem Gesamtbild eine
Art «raue Poesie», die ganz im Geiste der 1950er
Jahre ist.

Schuppen, Spiegelungen
Am späten Vormittag befinden wir uns wiederum
am See, in Grandvaux, dieses Mal nur ein wenig über

Erweiterung Wohngebäude /
Extension for a residential building,
Lausanne, 2009

the park by means of a straight staircase which
also serves as a wood store – is centrifugal and
irregular, radiating around a fireplace which, like
a centre of force, gives the premises their structure. This superimposes itself on the frontality
and orthogonality of the first house, standing perpendicular to the slope of the hill and binding two
structures which react differently to the environment: the mass of the concrete walls rooted in the
earth and the lightness of the aluminium panels
reflecting the park.

From the small, darkened entrance hall, we are in-
stinctively drawn to the right (to the left, the privacy
of a cluster of bedrooms discourages visitors from
going that way) towards the fireplace, which hides
an inward-looking room where the light filters
through a high window crowning the rear wall and
offering a view, rather like a painting, of the branches
of the trees.

Turning around, we discover a large, relatively low
living room in which the elongated perspective,
accentuated by a slightly sloping roof, culminates
in an offset, horizontal window overlooking the
lake and the Alps. An open kitchen nestles to one
side and extends sideways into a straight staircase
leading to the upper floor of the bedrooms, un-
usually-shaped "havens" under the roof which re-
minded me of Gaston Bachelard's writings on "l'as-
cension vers la plus tranquille solitude" (the climb
towards the most peaceful solitude) of attics.

As in the majority of Galletti & Matter houses, this
building offers a truly spatial experience, open
to the frontal and diagonal views and to move-
ment. This diversity is accentuated even further
by the presence of several atmospheres created by
the use of different materials, often left in their natural state, which lend the whole a sort of "rugged
poetry" entirely consistent with the 1950s.

Einfamilienhaus / Single family home, Grandvaux, 2010

dem Wasserspiegel. Das Haus, das zwischen 2007 und 2010 entworfen und realisiert wurde, steht senkrecht zur Strasse, etwas abgesenkt, um den Baubestimmungen zu genügen, die die maximale Firsthöhe festlegen. Die Neigung des Geländes erlaubt es, die Vertikalität des dreigeschossigen Hauses in die Umgebung einzufügen: Auf Höhe der Strasse treten nur die zwei Dachschrägen hervor, die an ein mit einer Plane abgedecktes Boot erinnern.

Von diesem überdachten Raum gelangt man über eine gerade Aussentreppe aus Sichtbeton und einen Treppenabsatz in einen kleinen, gut belichteten Empfangsraum auf mittlerer Höhe des Hauses. Von hier führt eine zweiläufige Innentreppe hinunter zum Empfang, dem Wohnzimmer und der Küche und hinauf in die Obergeschosse mit den Schlafzimmern.

Der rechteckige Grundriss ist stark zum See hin ausgerichtet; in den Seitenfassaden gibt es nur kleine Öffnungen für die Küche im Erdgeschoss und in den Obergeschossen für die Badezimmer. Diese räumliche Disposition rührt sicherlich von der Umsetzung der Baurichtlinien her, aber auch (und besonders) von dem Verlangen, die Form des Hauses als einen auf dem Kopf stehenden Schiffsrumpf mit starker Neigung zur Seeseite und leichter Loslösung vom Boden zu behandeln.

Dass das Haus ganz mit glatten Ziegeln verkleidet ist, gibt ihm eine volumetrische Einheitlichkeit, die durch die Abdeckung der Knickfalten durch feine Kupferbeschläge von ziemlich ähnlicher Farbtönung noch verstärkt wird – das Material flimmert im Licht der tief stehenden Sonne, die Textur der orangeroten Ziegel erzeugt, wie Fischschuppen, ein Glitzern, das sich in den Lichtreflexen auf dem See fortsetzt.

Die Versuchung ist zweifellos gross, auf die Schiffsmetapher zu sprechen zu kommen, und es liegt sicher auch eine gewisse Wahrheit in dieser Deutung, auch wenn sie oft ein wenig zu einfach ist. Ich würde darüber hinaus gern auf eine reflexive Haltung verweisen, die das Thema See (und Schifffahrt) in den Wesenskern des Projektes einbezieht: Das zeigt sich in der Innenverkleidung aus grauem, vorbewittertem Holz, in der Feinheit der (ebenfalls aus Holz gefertigten) Schiebeläden im Giebel oder auch im veränderlichen Gleichgewicht zwischen der bedeckten Unterseite des Rumpfs (der von dem Schlafzimmer oben im Haus zu sehen ist) und der Wasserfläche des Sees.

Weben, Flechten

Die auf den ersten Blick so verschiedenen Häuser, die wir gerade geschildert haben, gehen dennoch aus einem Gemütszustand hervor, verraten ein geheimes Einverständnis. Tatsächlich sind für Galletti Matter die Orte ihres Eingreifens eine wichtige und beständige Stütze der Konzeption, sodass jedes

Scales and reflections

Mid-morning in Grandvaux, once again overlooking the lake: this time we are just above the level of the water. Designed and built between 2007 and 2010, the house stands perpendicular to the road in a lowered position in accordance with a restrictive regulation setting a maximum altitude for the ridge of the roof. The slope of the land absorbs the verticality of the house's three storeys: at road level, only a gable roof is visible, calling to mind a boathouse.

From this covered area, an external exposed-concrete staircase and a landing lead to a small, well-lit entrance hall located on the middle floor of the house. An interior staircase divided into two flights leads downwards to the reception areas, living room and kitchen, and upwards to the upper floors housing the bedrooms.

On the ground level, the orthogonal floor plan is primarily orientated towards the lake with the side walls containing only small openings in the kitchen and the bathrooms upstairs. This spatial arrangement is determined by both the application of the regulation and (in particular) a desire to shape the house like the upturned hull of a boat, with a large overhang on the lake side, slightly raised off the ground.

The flat tiles covering the entire house gives it a volumetric unity consolidated by the folds covered with fine copper work in a similar colour – a materiality which shimmers in the low-angled light, the orange textures of the scale-like tiles creating sparkles that extend in the reflections of the lake.

There is a strong temptation to use a maritime metaphor and it certainly would not be misplaced, even if it is often a little too easy. I also enjoy referring to a reflective approach incorporating the lakeside (and navigational) dimension in the essence of the project: this is perceptible in the grey, pre-weathered wood panelling inside, the finesse of the sliding shutters (also in wood) on the gable wall or the shifting balance between the covered soffit of the shell (visible in the room at the top of the house) and the surface of the lake.

Weaving and braiding

The two houses described above, which are in principle relatively different, nevertheless reflect the same mindset and a certain complicity. For Galletti & Matter, the sites are an important and constant conceptual support with each project bringing its own specific problems. We could also underline the particular attention paid to the design and materialisation of the shell, often handled independent of the structure itself.

With this in mind, can we assert that they endorse a Semperian perspective, tuning the origin of the architecture to its fabric, in contrast to constructive and structural rationalism? If so, are we

Projekt spezifische Probleme anspricht. Man kann auch die grosse Aufmerksamkeit betonen, die dem Entwurf und den Materialien der Gebäudehülle gewidmet wird, oft losgelöst von der Frage der Konstruktion.

Lässt sich unter diesem Gesichtspunkt behaupten, die Architekten würden sich der Semper'schen Sicht anschliessen, nach der der Ursprung der Architektur im Gewebe und nicht in der Rationalität der Struktur, der Konstruktion liegt? Falls wir das bejahen, stehen wir dann vor einer neuen Weiterentwicklung ihrer Architektur, bei der sie sich, zumindest teilweise, vorherrschenden aktuellen Strömungen fügen und auf die Faszination der Gefühlswerte des Ornaments eingehen?

Aber von einer neuen Weiterentwicklung kann nicht wirklich die Rede sein. Als ich mich vor rund zehn Jahren für die Architektur von Galletti Matter zu interessieren begann, konnte ich wahrnehmen, dass sich – nach der oben angesprochenen anfänglichen Beeinflussung durch Snozzi, die sich in der Bearbeitung und Modellierung von Sichtbeton zeigte – die beiden Architekten schnell anderen Formen der architektonischen Schrift zuwandten, die mit den Eigenschaften einer Vielzahl von Materialien, darunter Glas, Profilit, perforiertes Blech und vorgefertigter Beton, verbunden waren.

Hinsichtlich dieser Materialvielfalt habe ich schon damals bemerkt, dass sich Galletti Matter für die Schaffung von Texturen und Oberflächen interessierten, die einerseits Gefühle zu erwecken und andererseits aber auch den Geist des Ortes widerzuspiegeln vermögen, wo der jeweilige architektonische Eingriff situiert ist. Diese Feststellung scheint mir immer noch gültig, und dieses Interesse für Texturen und Oberflächen betrifft auch die historischen Bauwerke, die wir nun untersuchen wollen, auch wenn die Problematik auf den ersten Blick eine ganz andere zu sein scheint. Aber der Geist des Ortes bleibt...

Oberflächen, Gleichzeitigkeiten

Gegen Ende des Vormittags im Zentrum von Lausanne: In unmittelbarer Nähe zum Château Saint-Maire und zur Baustelle des neuen Gebäudes des Parlaments erhebt sich vor unseren Augen die ehemalige Ecole de chimie et de physique (1881–1893). Es handelt sich um ein klassizistisch inspiriertes Gebäude mit symmetrischem Grundriss und einer zentralen Erschliessung, die aus einem grosszügig bemessenen Korridor und einer dreiläufigen geraden Treppe, die sich an der Fassade abzeichnet, besteht. Trotz der altersbedingten Abnutzung ist die historische Substanz in den Erschliessungsflächen noch sehr präsent, wenngleich die Mauern stellenweise mit aufgesprühten Graffiti bedeckt sind, Hinterlassenschaften der zuvor hier untergebrachten Künstlerateliers.

observing a recent development in their architecture which, at least in part, bows to the current predominant trends and responds to the fascination with the emotional merits of ornament?

It is not really a recent development. Ten years ago, when I began to take an interest in the architecture of Galletti & Matter, I realised that – following their initial Snozzian experience mentioned above, which is characterised by the shaping and modelling of raw, poured and visible concrete – the architects quickly moved on to other forms of architectural expression linked to the properties of a wide range of materials such as glass, Profilit, perforated sheeting and precast concrete to name but a few.

With regard to this range of materials, I observed the architects' predilection for creating textures and surfaces capable of stirring emotions and reflecting the soul of the locations in which they are used. I feel that this observation still holds today and that this interest in textures and surfaces also applies to the historic buildings that we will now explore even if, at first glance, the issue would appear to be completely different. However, the soul of the sites remains...

Umbau Maiensäss / Conversion of a rural cottage, Satarma, Evolène, 2011

Als Preisträger eines parallelen Gestaltungsauftrags widmeten sich Galletti Matter der Renovierung des Gebäudes, bevor dort im August 2006 die Ecole supérieure de la santé (Essanté) einzog. Von Anfang an durch ein sehr schmales Budget eingeschränkt, hielten sie sich bei Eingriffen an der Fassade sehr zurück und konzentrierten ihre Arbeit auf eine minimalistische Einrichtung der Innenräume und den Ausbau des Erschliessungssystems durch die Verlängerung der bestehenden Treppe hinunter zum Sockel- und hinauf zum Dachgeschoss, was eine intensive Nutzung der dort gelegenen Räume ermöglicht.

Ihr Ansatz gibt sich gleichzeitig soft und radikal: soft, weil es sich hauptsächlich darum handelt, kostengünstige Lösungen zu finden, den Umfang der Modifikationen zu begrenzen, zu reparieren statt zu ersetzen und die Kosten rigoros zu kontrollieren; radikal, weil die Entscheidung getroffen wurde, die inneren Erschliessungswege mit einer einheitlichen dunkelblauen Lasur zu versehen und an manchen Stellen Graffiti zu erhalten, die von der Geschichte und der Energie der Institution Zeugnis ablegen.

Weil die Wände und Decken der Flure und des Haupttreppenhauses mit einem einheitlichen Anstrich versehen sind, der «auf die monochrome Tünche verweist, die den Architekten des 19. Jahrhunderts so teuer war», erhalten sie einen Grad der Abstraktion, der ihre Tektonik abschwächt, aber seltsamerweise zugleich auf andere Art die historischen architektonischen Elemente hervorhebt: Säulen, Pilaster, Bossen, Giebel, Wandleisten, Treppengeländer und Zierleisten nehmen auf diese Weise ein Relief oder ein Profil mit klaren, auf die wesentlichen Merkmale reduzierten Konturen an.

Nach einem ersten Augenblick des Erstaunens (Worum handelt es sich?) betrachtet man dieses Eintauchen des Besuchers in eine «totale Umwelt» als einen Eingriff künstlerischer Art, der an einem paradoxen Vorgang des Maskierens und des Enthüllens teilhat. Die «Maske» entsteht aus der Homogenität des Anstrichs, der die Oberflächen bedeckt und deshalb die Einzelheiten abschwächt; die «Enthüllung» erfolgt einfach aus dem Umstand, dass diese Geste uns zwingt, die verschiedenen konstitutiven Elemente des Raums anders zu betrachten.

Das Verlangen, die historische Substanz zu überdecken und gleichzeitig die Graffiti – wie auffällige Figuren auf einem homogenen Grund – zu bewahren, wurde merkwürdigerweise (aber mit Bedacht) von den kantonalen Behörden gutgeheissen, vielleicht auch weil ein solcher Eingriff auf den ersten Blick als umkehrbar erscheint. Die Ansicht ist gleichwohl nicht alltäglich, weil sie eine bewusste, gleichmässige Hervorhebung der Spuren der Vergangenheit und der Gegenwart bedeutet, ohne dass es eine sichtliche Hierarchie gäbe: Man muss

Surfaces and simultaneities

End of the morning in the centre of Lausanne: in the immediate vicinity of the castle and the new Parliament Hall, still under construction, stands the former chemistry and physics school (1881–1893). It is a symmetrical building drawing on neo-classical inspiration and governed by a spacious central corridor and a staircase with three straight flights of stairs on the façade. Despite the effects of time, its historical substance is still very much present in the passageways even if, in some places, it is "tainted" by graffiti sprayed on the walls, a testimony to art workshops that were housed here in the past.

Awarded parallel design mandates, Galletti & Matter began renovating the premises with a view to housing the Higher Institute for Health (Essanté) in August 2006. Required to deal with a tight budget from the very outset, they undertook very little work on the façade, focussing their attention on the minimalist architecture of the interiors and on strengthening the distribution system by extending the existing staircase towards the frame and the roof, thereby ensuring a more intensive occupation of the attic space.

Their approach was both soft and radical: soft because it was primarily a question of finding inexpensive solutions, limiting the extent of the alterations, repairing instead of replacing and, of course, controlling costs meticulously; radical because the decision was taken to apply a uniform, dark blue glaze to the interior passageways and, in certain places, to retain some of the graffiti as a testimony to the past and the energy of the institution.

Covered with a solid colour "recalling the ink-wash painting so dear to the architects of the 19th century", the walls and ceilings of the corridors and the main staircase were given a certain abstraction which has softened their tectonic nature but curiously highlighted the historical architectural elements, making columns, pilasters, bosses, pedestals, baseboards, banisters and mouldings a relief or profile with clear contours reduced to the bare essentials.

After the initial astonishment (what is it?), this immersion of the visitor in a "total environment" is perceived as an artistic intervention contributing to a paradoxical "masking" and "unveiling" process. The "mask" stems from the homogeneity of the colour covering the surfaces which consequently reduces the particularities while the "unveiling" results from the simple fact that this gesture forces us to see the different constituent elements of the area with a different eye.

The desire to cover the historical substance while retaining the tags – as "screaming" figures emerging from a uniform background – has curiously (but wisely) been endorsed by the cantonal authorities, perhaps because this type of operation initially appears reversible. The point of view is nevertheless

Transformation eines Schulgebäudes /
Conversion of a school building,
Lausanne, 2006

also zugestehen, dass kein historischer Zustand sich gegenüber einem anderen durchsetzt und dass das Gebäude mit all seinen Merkmalen, selbst den jüngsten und unwahrscheinlichsten, lebt – Das ist im Grunde eine sehr zeitgenössische Haltung, «geprägt von Bedacht».

Ähnlichkeiten, Resonanzen

Am Ende des Vormittags wenden wir uns, immer noch im Zentrum von Lausanne schliesslich der ehemaligen Policlinique médicale universitaire zu; sie besteht aus einem imposanten Hauptvolumen von klassischer Symmetrie an der rue César-Roux und einem hinteren Querflügel, der sich einer Felswand zuwendet, dem Relikt eines alten Molassesediments. «Aus Kostengründen erhalten die Innenräume keine besonders bemerkenswerte dekorative Behandlung. Die einzigen ornamentalen Elemente konzentrieren sich in den Erschliessungsflächen, den Fluren und den Treppen.»

Dieses Gebäude von rationalistischem Stil birgt gleichwohl Überraschungen: Es ist mit den höher gelegenen Hospitalgebäuden durch eine leichte Metallbrücke verbunden, die als eine Art künstliche Grotte in die Steilwand eingelassen ist, an die sich eine in den Fels gehauene gerade und steile Treppe anschliesst. Das Gelände gehört zu den geheimen Orten der abschüssigen Stadt Lausanne: Es mutet wegen des Gegensatzes zwischen der orthogonalen Geometrie des Gebäudes und der zwingenden geografischen Dichte des Steilhangs zugleich romantisch und ländlich an.

Galletti Matter erhalten den Auftrag, das Gebäude für den Einzug der Haute école de santé Vaud (HESAV) umzubauen. Wieder einmal haben beschränkte finanzielle Mittel einen Einfluss auf den Charakter ihres Eingriffs. Bei der Fassade beschränkt er sich auf den Ersatz besonders stark beschädigter Steine, auf die Sicherung der bedeutendsten Skulpturen, auf die Instandsetzung des Verputzes und – zur Verbesserung der Wärmebilanz des Gebäudes – auf den Austausch der Fenster. Die vorgenommenen Veränderungen sind praktisch nicht sichtbar.

Diese «zurückgenommene» Haltung gilt auch im Inneren: Mit grosser Aufmerksamkeit auf die ursprünglichen Materialien strebten die Architekten unaufhörlich danach, analoge, möglichst ähnliche Farbtöne anzuwenden. Die notwendige – weil die materielle Realität des Gebäudes nicht mehr den heutigen programmatischen und technischen Anforderungen entspricht – Modernisierung geht also auf den Ursprungszustand des Gebäudes ein und es entsteht ein fragiles und massvolles Gleichgewicht zwischen Alt und Neu.

Details, Plastizität

«In unseren Projekten ist nur der Raum von Bedeutung», erklären die Architekten, ohne zu zögern.

uncommon as it involves an asserted simultaneity in emphasising the traces of the past and those of the present without any apparent hierarchy: it is thus important to acknowledge that one historic state does not prevail in relation to another and that the building lives and breathes with all its marks, even the most recent and most improbable – essientially a highly contemporary attitude "marked by discernment".

Resemblances and resonances

End of the morning, still in the centre of Lausanne: we finish with a visit to the former university medical clinic consisting of an imposing main building, classical and symmetrical, standing on rue César-Roux and a perpendicular wing at the rear looking onto a cliff face, the remains of a former molasse quarry. "For economic reasons, the interior spaces are not given any particularly noteworthy decorative treatment. The only ornamental elements are concentrated in the throughways, corridors and stairwells."

Built in the rationalist style, this building nevertheless conceals a number of surprises, as it is linked to the hospitals further up by means of a light metallic walkway which enters the cliff via a kind of false grotto and a steep, straight staircase carved into the rock. This is one of the secret places of Lausanne, a city built on a slope: its atmosphere is both romantic and wild, a result of the contrast between the orthogonal geometry of the building and the powerful topographical density of the cliff.

Galletti & Matter were awarded the contract to transform the building with a view to installing the premises of the Vaud Higher School of Health (HESAV). Once again, a limited budget had an impact on the extent of their work. On the façade, this was limited to replacing the most damaged stones, enhancing the most significant sculptures, repairing the roughcasting and replacing the windows in order to improve the thermal balance of the building. The changes made are almost invisible.

This "restrained" attitude can also be seen inside the building: attentive to the original materiality, the architects constantly applied as similar shades as possible. The change – necessary for a building where the material reality no longer corresponds to the current programmatic and technical requirements – therefore resonates with the original condition of the building in a fragile yet measured balance between the old and the new.

Details and visibility

"In our projects, only space is essential," the architects explain without any hesitation. And yet in their constructions, both in the past and more recently, materiality can be seen everywhere and the details – resulting from a process

Transformation der ehemaligen Poliklinik / Conversion of a former polyclinic, Lausanne, 2014

Transformation der ehemaligen
Poliklinik / Conversion of a former
polyclinic, Lausanne, 2014

Dennoch ist in ihren Projekten, und zwar sowohl den älteren als den neueren, überall die Materialität präsent, indem die Details – die aus gleichermassen konzeptuellen und strukturellen Überlegungen hervorgehen – zu der Festlegung des Charakters der Gebäude beitragen, den Ausdruck der architektonischen Elemente und technischen Vorrichtungen bis hin zu den Einbaumöbeln prägen.

Bei den beiden gerade behandelten Renovierungsprojekten nutzen die Architekten die physischen und ästhetischen Qualitäten der historischen Gebäude. Unter diesem Blickwinkel stellt sich die Frage der Offenlegung der Details auf paradoxe Weise: Mal sind die Eingriffe kaum erkennbar, so sehr verschmelzen sie mit den vorhandenen Details; mal wirken sie unverändert, so im Fall der offen sichtbar verlegten Röhren und technischen Rohrleitungen; und ein anderes Mal sind sie omnipräsent, so vor allem bei dem Ausbau vorhandener oder der Schaffung neuer Treppen, wo sie zu skulpturalen oder bildkünstlerischen Ereignissen werden.

Bei der Poliklinik gab die Anlage einer neuen Fluchttreppe – nach einem klaren Entwurf aus Metall – Gelegenheit zu einem Künstlerwettbewerb, der von Renate Buser gewonnen wurde. Ihr Entwurf von 2014 sah eine Zerlegung in horizontale Ebenen vor, die mit einer Serie von Fotos in Trompe-l'œil-Technik dekoriert wurden. Der Aufstieg schafft damit die Illusion einer Erzählung, die die Fotonegative der Bossen des Gebäudesockels mit den Bildern der künstlichen Grotte im Gegenlicht verbindet: «Von der Poliklinik zur Grotte», nennt es die Künstlerin.

that is as conceptual as it is constructive – contribute to defining the character of the buildings, pervading the expression of the architectural and technical elements right through to the built-in furniture.

In the two renovation projects described above, the architects exploit the physical and aesthetic qualities of the historical buildings. With this in mind, the question of revealing details is somewhat paradoxical: in some cases they are barely visible, such is the extent to which they blend in with the existing details; at other times they appear to be unchanged, as is the case for the pipes and other technical conduits left completely exposed; finally, some are clear for all to see, in particular in the reinforcements of the existing staircases or the creation of new ones where they become visual or artistic features.

At the former polyclinic, the creation of a new emergency staircase – with a streamlined metallic design – provided the opportunity to organise an artistic competition won by Renate Buser. Her work, carried out in 2014, involved cutting it into horizontal plates, illustrated by a series of *trompe-l'oeil* photographs. Climbing the stairs gives the impression of a narrative linking photos of the boss of the building's frame to the back-lit images of the false grotto in the cliff: "From the clinic to the grotto," in the words of the artist.

The new flight of stairs leading to the attic area of the former chemistry and physics school highlights the sensitive lines of the existing staircase: the material, the weight and the imprint of the old steps are reinterpreted and transcribed in a new expressive dimension. Precast concrete elements were chosen, comprising an integrated step and parapet arranged diagonally and simply placed on a metallic support structure.

The resulting outline of the staircase, detached from the walls, is a sculptural object which is both massive and light, drawing on the feeling of weight of the concrete and the vibration of the zigzag sequence of the individual elements, interspersed with gaps through which the light can filter. The coherence of the whole is thus guaranteed in its temporal dimension, again in line with a dialectic relationship of continuity and contrast.

The depth of time as an architectural material
I would like to close this text by highlighting another emerging issue in the architects' recent work: the incorporation of the depth of time which, as a vector of transformation, is part of the architectural material. At the chemistry school and the former polyclinic, each act of renovation presides over the future sequence of other acts. As the architects themselves say: "Each intervention is an ongoing act and what cannot be done at present can be done in the future."

Der neue Treppenlauf zum Dachgeschoss der alten Ecole de chimie et de physique betont die wahrnehmbaren Züge der Existierenden: die Materie, die Schwere, der Abdruck der alten Stufen werden neu interpretiert und in eine neue, expressive Dimension übersetzt. Die Wahl fällt auf vorgefertigte Betonelemente, bestehend aus einer Stufe und einer integrierten Brüstung, die schräg angeordnet und schlicht auf eine Tragekonstruktion aus Metall gesetzt sind.

Die resultierende Gestalt der von den Mauern abgesetzten Treppe ist die eines zugleich massiven und leichten skulpturalen Objekts, das sich des Eindrucks der Schwere des Betons und der Schwingung der Zickzack-Folge der Elemente bedient, zwischen die sich Leerräume schieben, in die das Licht eindringen kann. Der Zusammenhalt des Ensembles wird auch in der zeitlichen Dimension hergestellt, und zwar wieder einmal durch eine dialektische Beziehung zwischen Kontinuität und Kontrast.

Die Vielschichtigkeit der Zeit als Materie der Architektur

Ich möchte am Ende dieses Textes gerne noch eine andere Vorliebe erwähnen, die in den aktuellen Arbeiten der Architekten hervortritt: die Berücksichtigung der Vielschichtigkeit der Zeit, die sich – als Träger der Veränderung – in die Materie der Architektur hineinschreibt. Tatsächlich ist bei der Ecole de chimie und bei der Poliklinik jeder Renovierungsschritt an künftige geknüpft. Die Architekten bestätigen das: «Jeder Eingriff ist von Dauer, und das, was heute nicht getan werden kann, wird morgen getan werden können.»

Sicherlich haben die geringen finanziellen Mittel ihren Anteil an dieser massvollen Haltung. Doch kann man darin auch eine zeitgemässe Stellungnahme erblicken, die der Entwicklungsfähigkeit des Gebauten mit einer Art von ablagernder Schichtung, die die bestehenden Ressourcen optimal nutzt, Wertschätzung entgegenbringt. Für Galletti Matter geht das weiter: Bei der Poliklinik erbringen sie angesichts der programmatischen Anforderungen den Beweis, dass es möglich ist, unter dem Hof, zwischen der Felswand und dem bestehenden Gebäude, zwei unterirdische Auditorien unterzubringen – und zwar ohne, dass ein Ungleichgewicht zwischen dem Gebauten und dem Natürlichen entsteht. Gegenwärtig sind auch zwei «mineralische Höhlen» in Bau, die in kluger Weise die Verdichtung des Ortes weiterführen. Die Entwicklung geht also weiter.

The limited financial resources certainly play a role in this measured approach, but we can also observe the contemporary vision of promoting a building's capacity for change in a form of sedimentation which makes maximum use of the existing resources. For Galletti & Matter, the approach is continuous: faced by programmatic requirements at the former polyclinic, they have provided proof that it is possible to create two auditoriums under the courtyard between the cliff and the existing building, without causing an imbalance between construction and nature. Two "mineral caves" are thus currently under construction, sensibly pursuing the densification of this site: to be continued...

Einbau Hörsäle, Biologische und Medizinische Fakultät, Universität Lausanne / Lecture theatre for the Faculty of Biology and Medicine, University of Lausanne, 2017

Schulhaus La Carrière, Crissier

La Carrière school building, Crissier

Unter der Linde

«Sie können den Ort nicht verfehlen, er befindet sich unter einer Hochspannungsleitung neben einer alten Linde, über dem Strassentunnel von Marcolet», erklärte uns der kommunale Techniker. Das war das erste, was wir über den Wettbewerbsort erfuhren. Die Beschreibung beschäftigte uns. Obwohl die Ausschreibung ein Fällen des altehrwürdigen Baums zuliess, unternahmen wir alles, um ihn trotz des sehr einengenden Bebauungsplans zu erhalten. Schliesslich war er ein Wahrzeichen auf dem Gelände.

Die Lösung bestand darin, den Hang zu integrieren und die Topografie des Geländes zu betonen: Talwärts bilden die Unterrichtsräume und die Sporthalle einen Sockel mit einem grobkörnigen Verputz und Fensteröffnungen aus Beton, dessen Färbung an die Molasse erinnert, die früher auf dem Gelände abgebaut wurde. Der Sockel verstärkt auf diese Weise den Charakter des Geländes, das früher einmal ein Steinbruch war.

Bergseitig bringen die Schulhöfe und das Gebäude mit den Fachräumen und der Bibliothek die alte Linde zur Geltung. Sie ist das Bezugselement, um das herum sich alles aufbaut: die Bauten, die Atmosphäre des Geländes und die Erfahrungen der Schüler.

Under the lime tree

"You can't miss the site: it sits under a high-voltage line beside an old lime tree above the Marcolet road tunnel," the municipal technician explained to us. This was our first contact with the designated site of the competition. The description caught our imagination. Although we were allowed to cut this noble old lime tree down, it is emblematic of the site. We made every effort to protect it, despite a highly restrictive neighbourhood plan. Working the slope allowed us to save the tree and highlight the site's topography. At the bottom, the classrooms and sports hall form a base coated with rough concrete pargeting and concrete embrasures, while the colour is reminiscent of the molasse previously mined on the site. The base thus consolidated the character of the plot: a former molasse quarry. At the top, the yards, the special rooms and the library show the old lime tree in all its glory. The tree is the focal point around which the building is erected – the very soul of the site and a symbol of the pupils' learning.

Ausführung / Construction: 2003–2005
Projekt und Realisierung / Project and implementation: Olivier Galletti, Claude Matter
Hauptmitarbeit / Main collaboration: Nils Meulemans

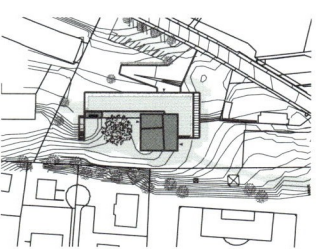

Kunstwerk:
«Zeigen, was verborgen ist, die unterirdische Welt zur Erscheinung bringen, das Spiegelbild des Baumes, das seine Wurzeln sind. Mit den Mechanismen der Perzeption des Bildes entsprechend dem Abstand des Blicks spielen: Pixel auf der riesigen Tapisserie über der kaum erkennbaren, einsamen Wurzel. Am Computer bearbeitete Digitalfotos, Siebdrucke auf vorgefertigten Schalungen mit einer Farbe, die verzögert aufgenommen wird.» (Gaspard Delachaux)

The work of art:
"Show what is hidden, to reveal the underground world, the roots of the tree that mirror its branches. Play on the means of perceiving the image according to the distance from which it is observed: from pixels through the isolated root, barely decipherable, to a giant tapestry. Digital photographs edited on a PC, screen-printed on precast moulds with setting-retardant ink." (Gaspard Delachaux)

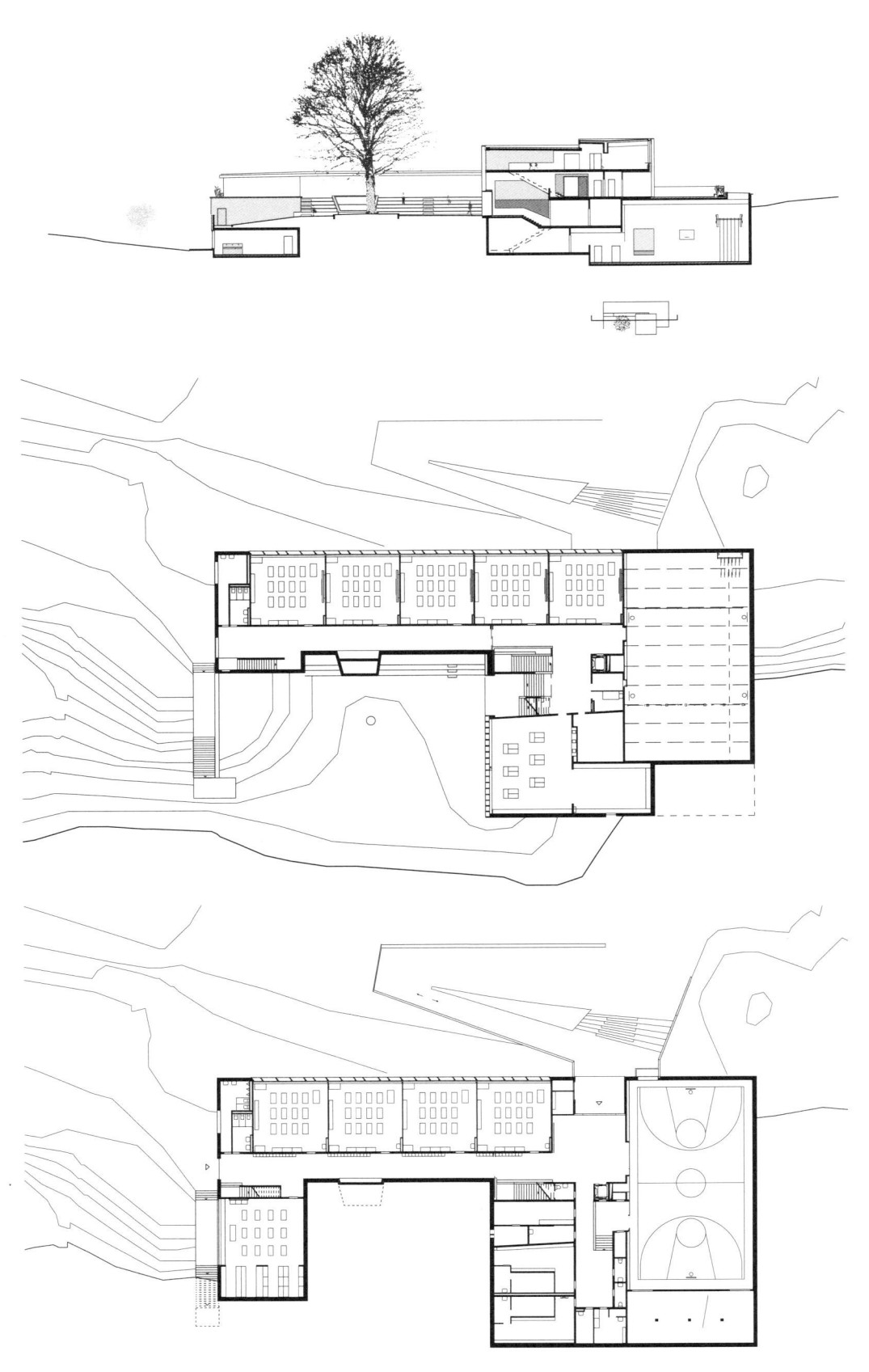

20 m

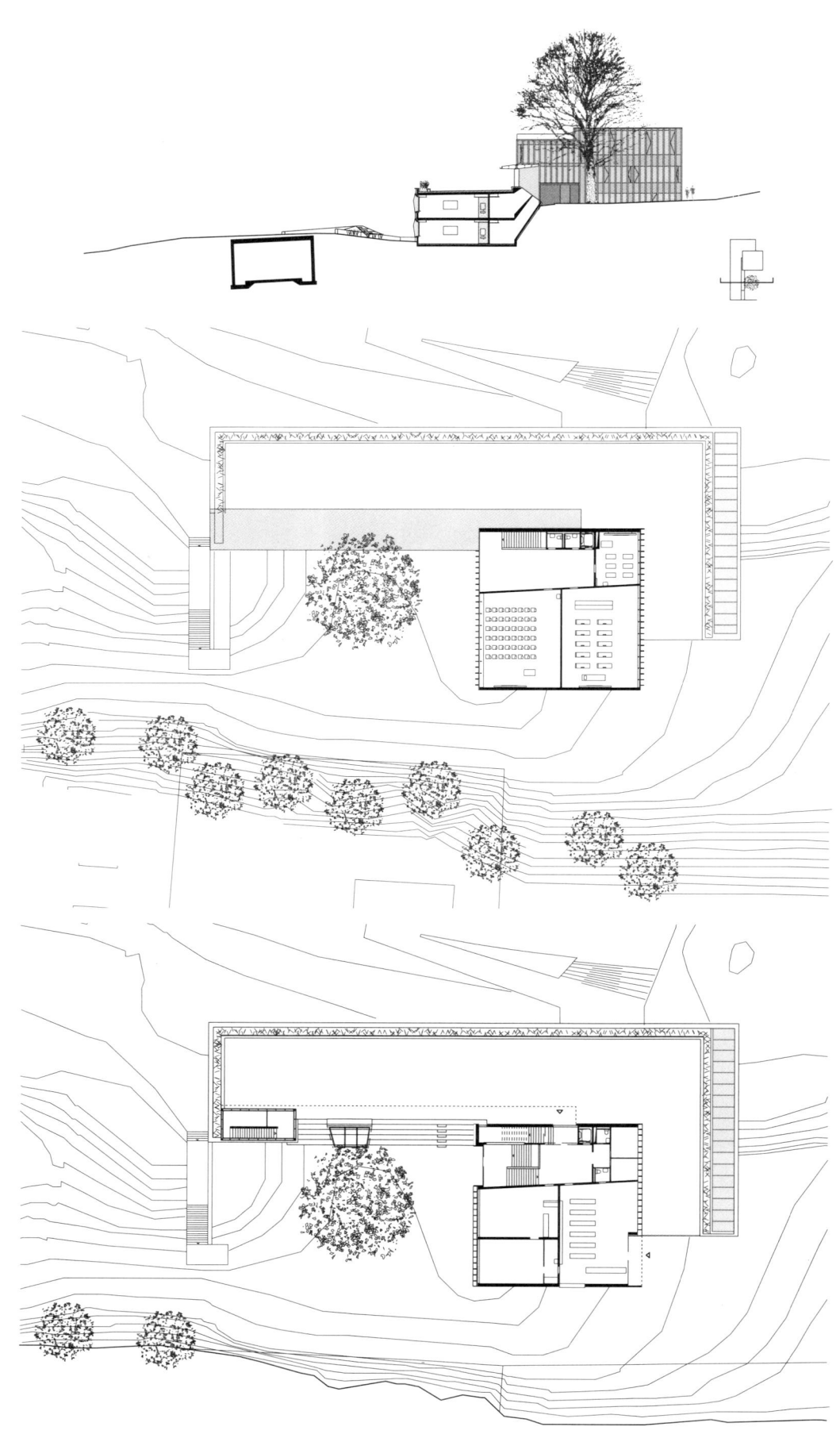

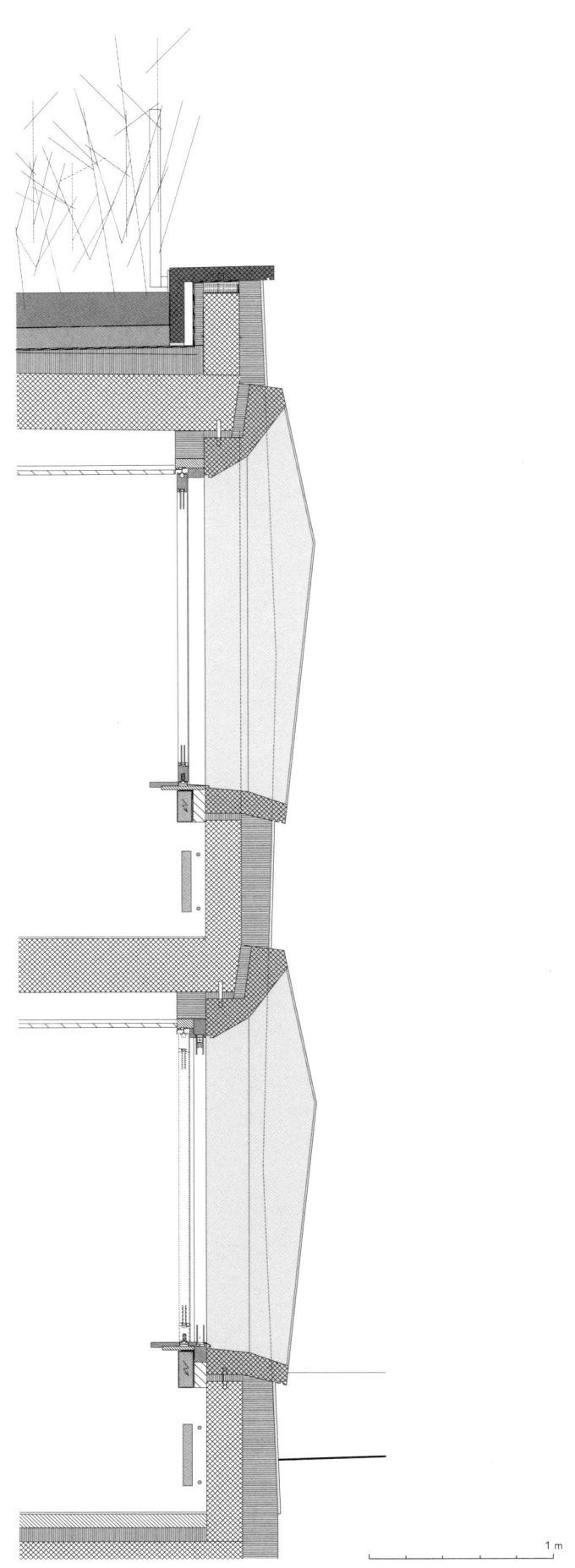

1 m

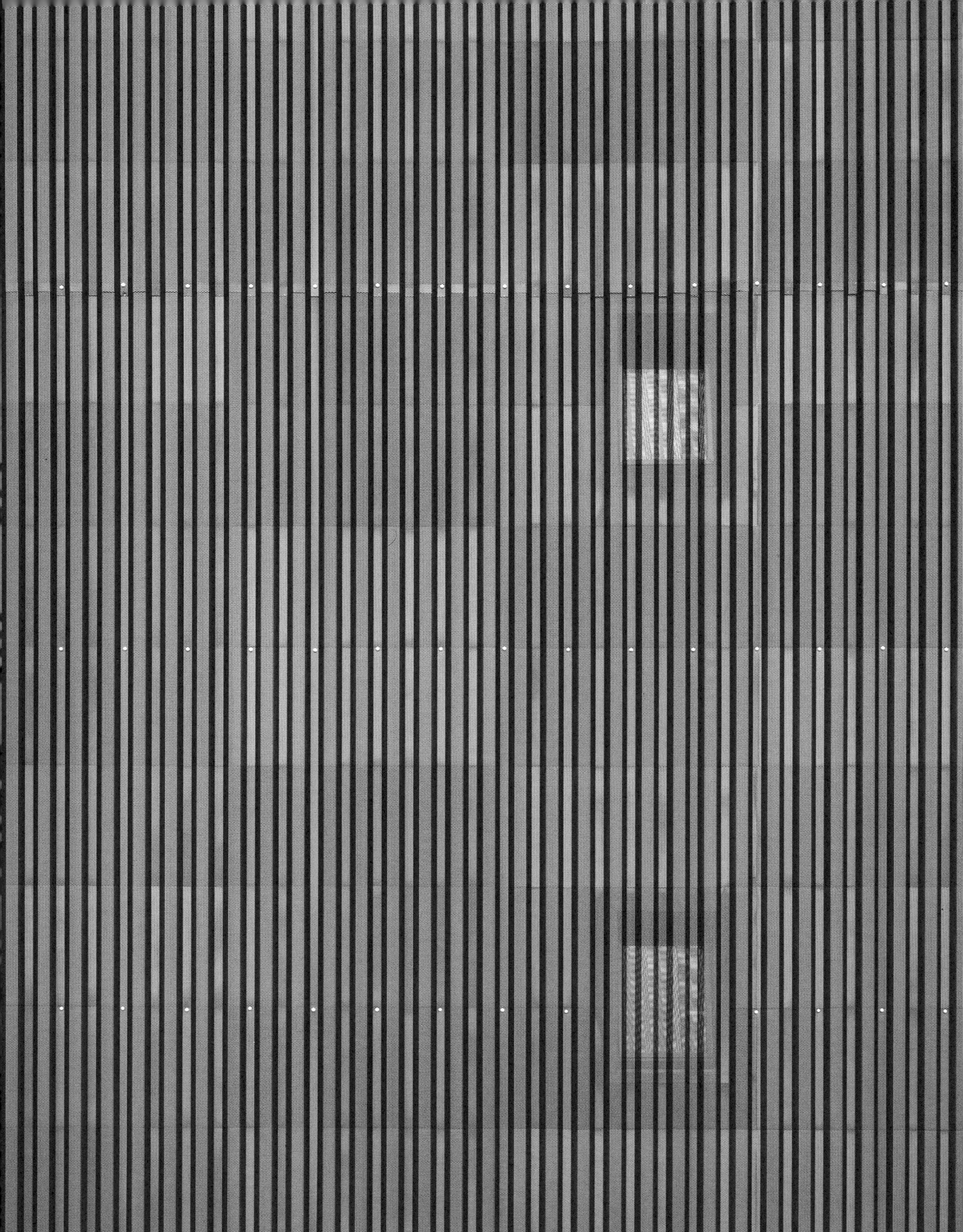

Werkhof und Verwaltungsbüros, Nyon

Maintenance yard and administrative offices, Nyon

Gewerbegebiet

Unsere Architektengeneration hat eine Stadtplanung der «Zonierung» geerbt, die die Durchmischung der Kleinstadt beendet hat, in der alle Aktivitäten einvernehmlich und tolerant koexistierten. Die Stadt wurde auf Farben auf einem Plan reduziert, als handele es sich um eine Folie ohne Relief und ohne Zufälligkeiten: Farben, die die Aktivitäten nebeneinander abstellen, ohne räumliche Verbindung; lediglich Routen, Arterien, die die Menschen aus der einen Zone in eine andere transportieren, ohne einen städtischen Raum zu fördern.

Das Gebäude liegt in einem Gewerbegebiet. Wir beschlossen, uns auf einige grundlegende Elemente zu konzentrieren, die aufgrund der Lage und den Bedürfnissen der gewerblichen Nutzung festgelegt waren. Das Projekt vereint in einem Gebäudevolumen drei Hauptfunktionen: Werkstätten, Verwaltungsbüros und die Lagerhalle.

Auf dem Gelände herrschen zwei industrielle Gebäudetypen vor: Bauten mit Wellblechverkleidung und solche mit Spiegelglasfassaden. Das Projekt interpretiert diese Elemente neu um ein einheitliches, kohärentes Gebäude zu schaffen, das einen Bezug zum Kontext herstellt und gleichzeitig seinen Charakter als wichtiges öffentliches Bauwerk betont: «Effekte, Lichtreflexe, Spiegelungen und Musterungen sind auf diese Weise ein integraler Bestandteil der wesentlichen Eigenschaften dieses architektonischen Objekts und schaffen die notwendige Bedingung für eine Architektursprache, die zu beweisen versucht, dass das SI-Gebäude ein wenig so ist wie die anderen Gewerbegebäude, aber nicht völlig [...]»[1]

[1] Aus: Bruno Marchand: Effekte, Reflexe. In: Werk, Bauen + Wohnen Nr. 5, 2008, S. 64–65. Siehe auch in dieser Publikation S. 141–142.

Industrial zone

Our generation of architects has inherited a "zoned" approach to planning: gone is the diversity of small towns where different activities coexist in a blend of tolerance and goodwill. As if the land were a plain, uneven sheet of paper, the town is reduced to colours on a plan; colours that set activities side by side without any spatial links, only roads carrying people from one zone to another without fostering urban space.

The building is located in an industrial zone. We chose to focus on certain fundamental elements determined by the situation and the requirements of the industrial services. The project incorporates the three main functions – the workshops, the administrative offices and the warehouse – in a single entity.

Examining the site, two types of industrial construction are predominant: corrugated iron cladding and façades in mirrored glass. The project endeavours to reinterpret these installations in order to create a coherent, unified building in relation to the context while expressing its role as a significant public building: "Effects, reflections, glimmerings and moiré patterns are thus an integral part of the essential qualities of this architectural entity and form the necessary condition for an architectural language which endeavours to bear witness to the fact that the industrial services building is a little like other industrial buildings, although not entirely [...]"[1]

[1] Bruno Marchand: "Effekte, Reflexe" (effects, reflections). In: Werk, Bauen + Wohnen no. 5, 2008, p. 64–65. See pages 141–142 of this publication.

Ausführung / Construction:
2000–2007
Projekt und Realisierung / Project and implementation: Olivier Galletti, Claude Matter
Hauptmitarbeit / Main collaboration: Philipe Gloor

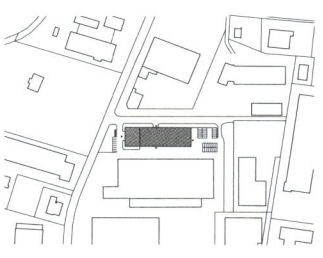

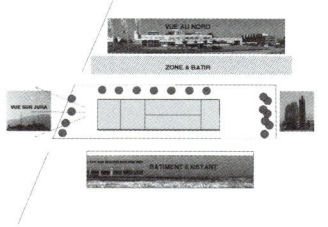

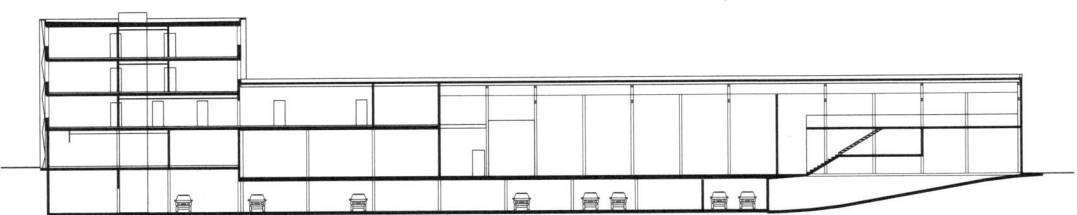

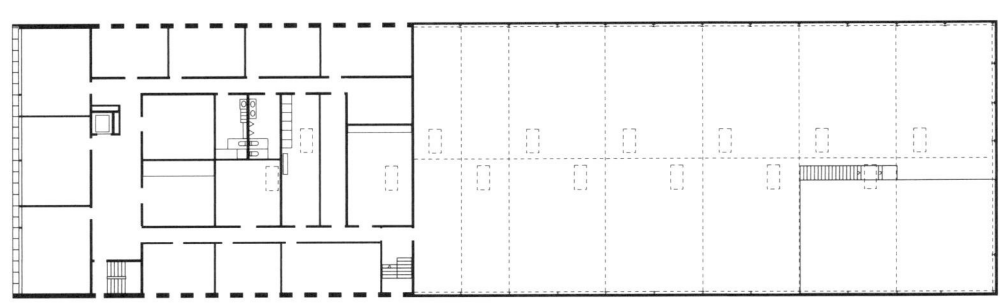

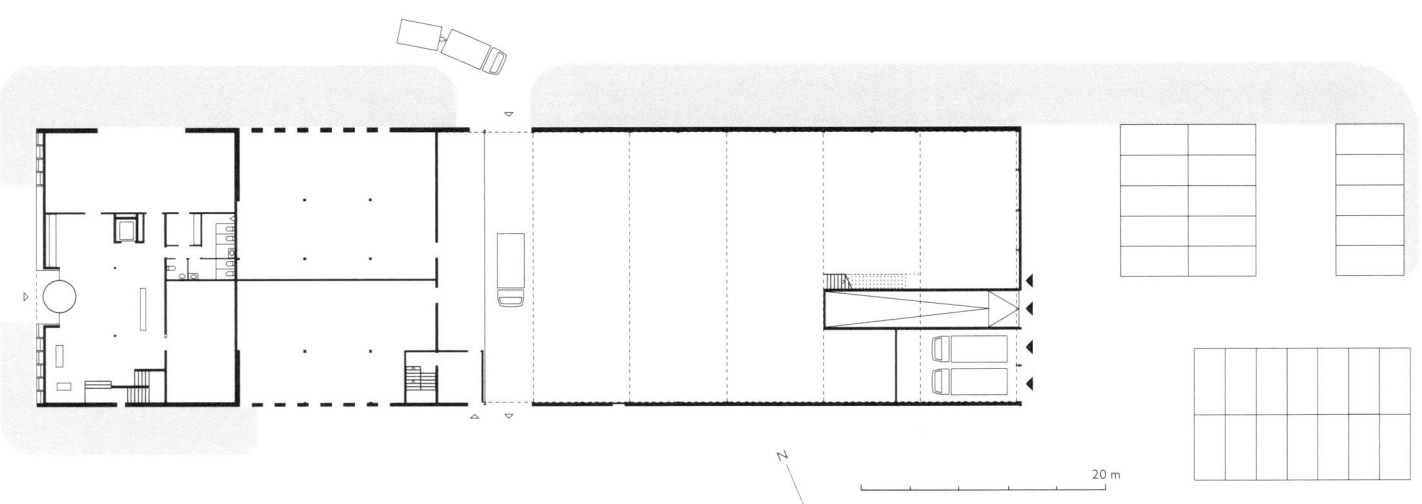

20 m

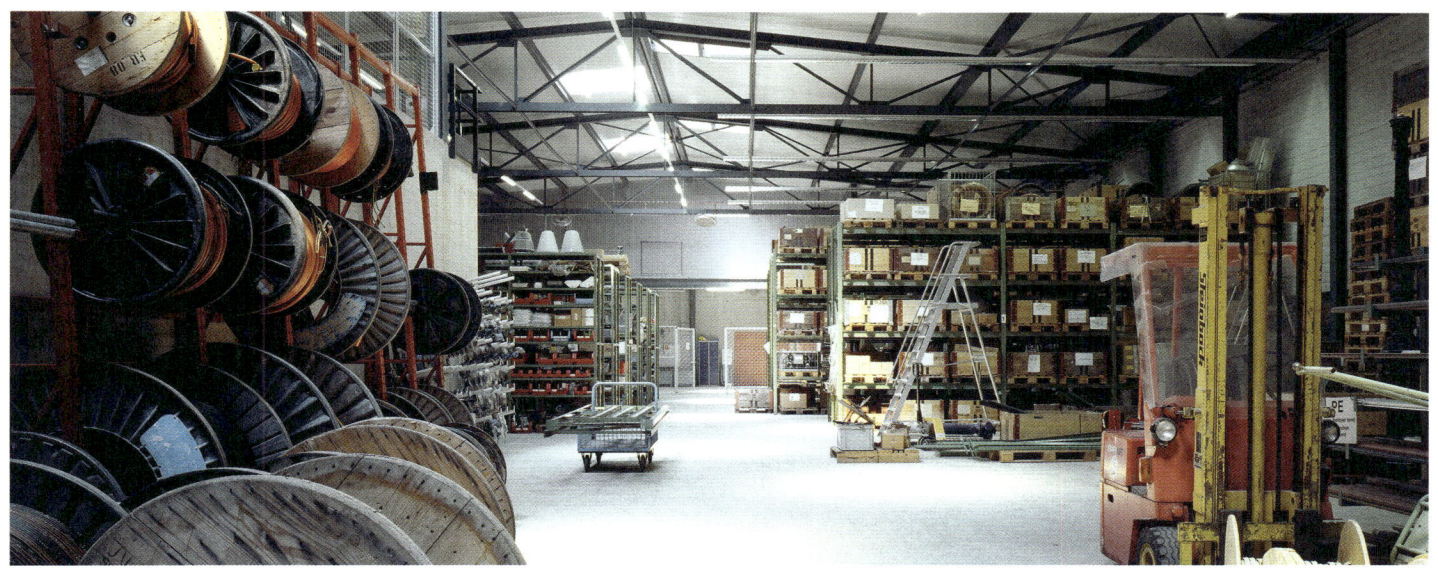

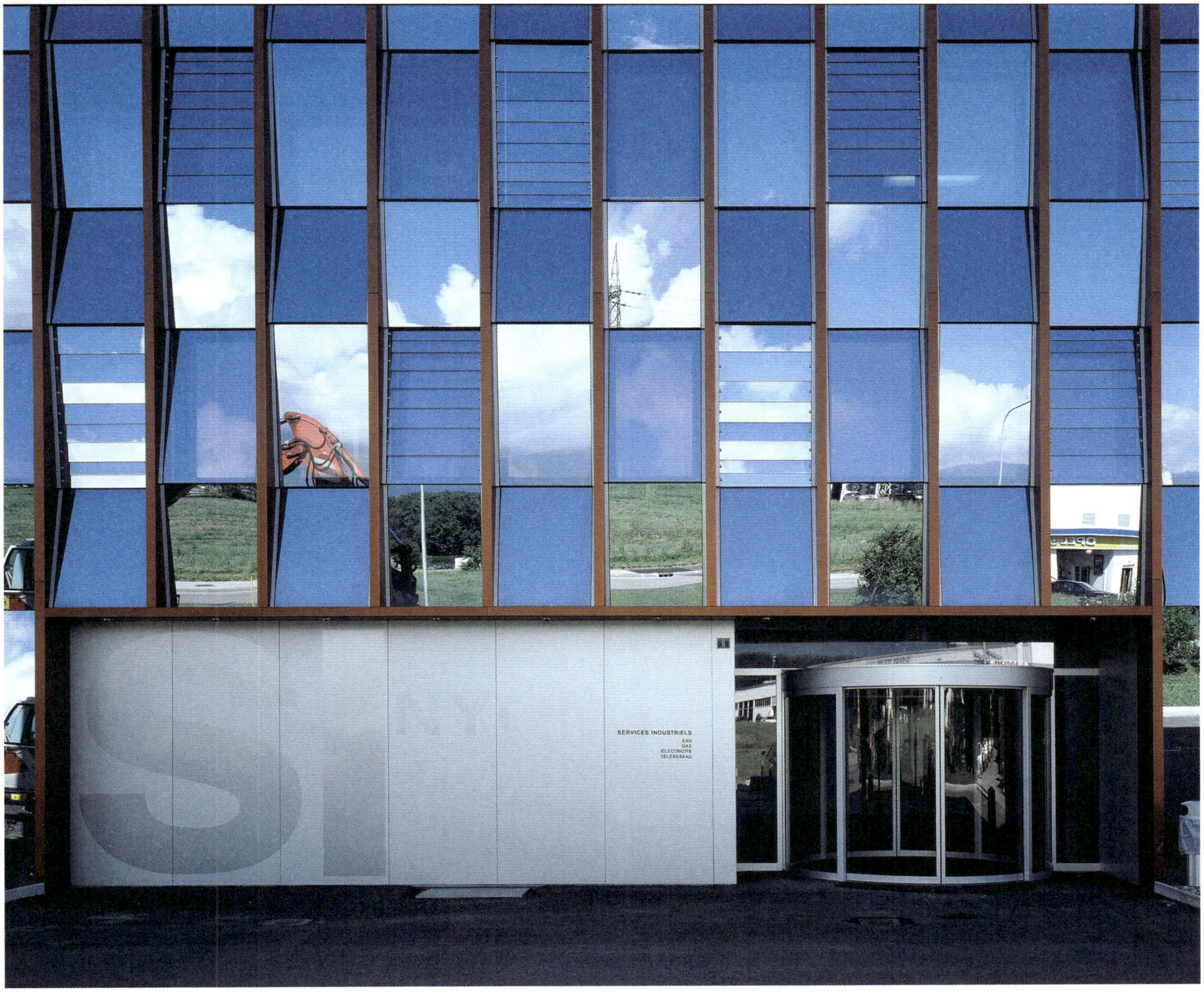
SERVICES INDUSTRIELS
EAU
GAZ
ELECTRICITE
TELERESEAU

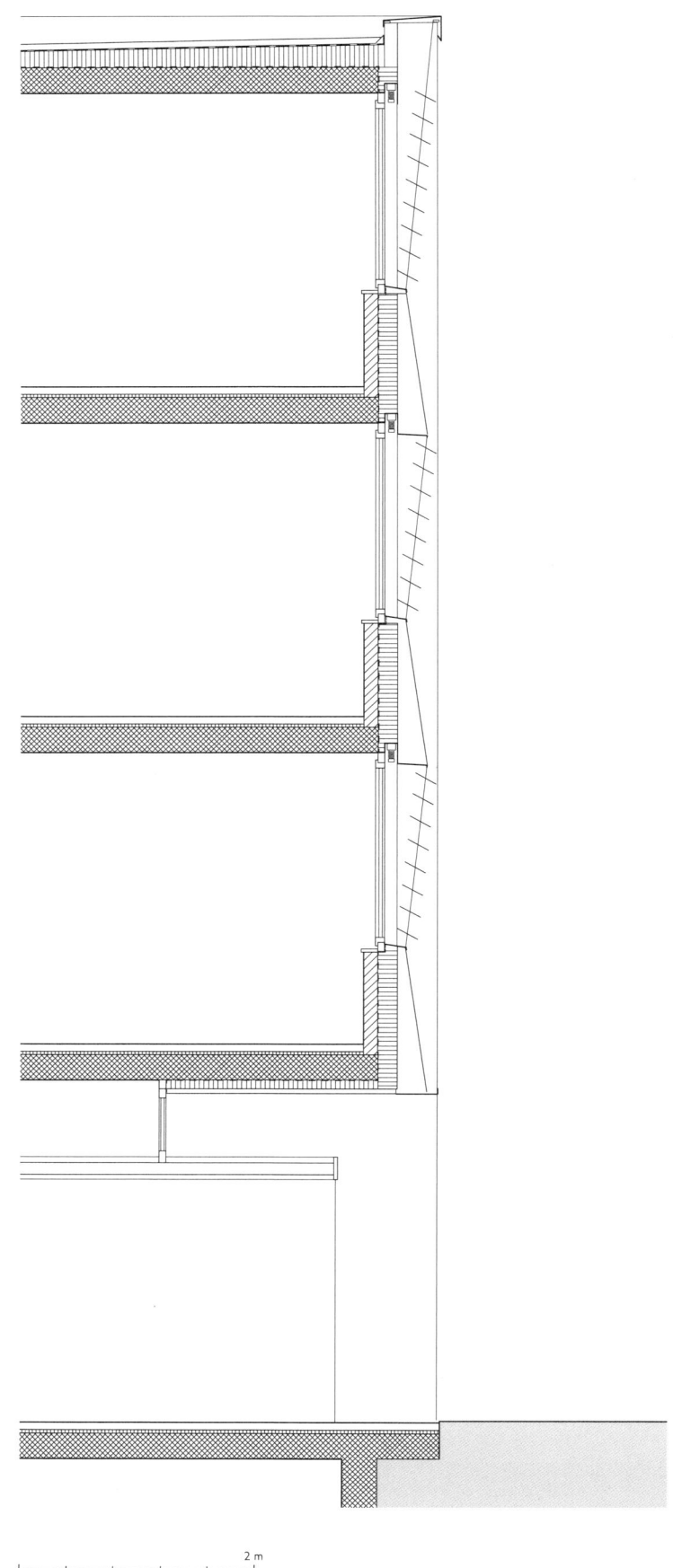

2 m

Einfamilienhaus, Fully

Single family home, Fully

Villen Zone

Projekte wie dieses sind für Architekten eine Gewissensfrage. Wenn ein Auftraggeber darum bittet, in einem Eigenheimviertel zu bauen, bieten sich mehrere Reaktionsmöglichkeiten: «In unverdichteter Weise zu bauen, entspricht nicht unserer Philosophie; wir müssen den Auftrag leider ablehnen.» – «Wenn wir das nicht bauen, baut es jemand anderer, suchen wir also nach einer möglichen Lösung.»

Wir entschieden uns für die zweite Möglichkeit und schlossen uns damit der egoistischen Architektenhaltung an: «Ich baue für mich.»

Die einzige Qualität dieses uninteressanten Eigenheimviertels im Rhônetal am Fusse des Grand Chavalard ist der Ausblick in die Ferne.

Die grosse Herausforderung war, ein Wohnhaus für eine Familie bei minimalem Budget zu errichten. Die umgebenden Eigenheime, das Grundwasser und die kaum vorhandenen inspirierenden Ortsbezüge führten uns zu einem eingeschossigen Volumen mit zwei gegeneinander geneigten Dachflächen – all das in sehr schlichter Bauweise: einfache isolierende Kassettenwände und als Dach eine Wellblechverkleidung über einem offenen Dachstuhl aus Metall. Die inneren Wände, die mit der Hand des Menschen in Berührung kommen, bestehen aus unbehandeltem Fichtenholz und die oberen Partien aus unverkleidetem Blech.

Indem wir schlicht bauten, in einem experimentellen Geist – gleichsam ein Modell im Massstab 1:1, ein experimenteller Ausstellungspavillon, der eines Tages abgerissen werden wird – liessen wir die Möglichkeit einer späteren Verdichtung offen.

Villa zone

This project is a question of conscience for an architect. When a customer asks you to build in a villa zone, several avenues open up to you: "Building a low-density offering is not part of our ethics, we refuse…" – "If we don't do it someone else will, so why not experiment with another means of building…"

We chose the second option and adopted an architect's somewhat selfish mindset: "I am building for myself".

In this relatively featureless villa zone on the plain of the River Rhone at the foot of le Chavalard, the only redeeming feature is the clear view stretching to the horizon.

The challenge was considerable: to build a family home while restricting costs to the minimum. The presence of villas, the water table and the few inspirational reference points in the surrounding area were constraints that drove us to suggest a single-storey building covered by two opposing gable roofs that were materialised very simply: walls made from industrial cases and a roof made from corrugated iron, supported by a visible metallic frame. The inner walls that would come into contact with the inhabitants were made from crude spruce while the upper sections consisted of visible metal sheeting.

By keeping the construction simple, in a sort of experimentation or life-size model which would one day be demolished, we created the possibility of subsequent densification – like an experimental exhibition house.

Ausführung / Construction:
2004–2006
Projekt und Realisierung / Project and implementation: Olivier Galletti, Claude Matter
Hauptmitarbeit / Main collaboration: Cyril Lecoultre

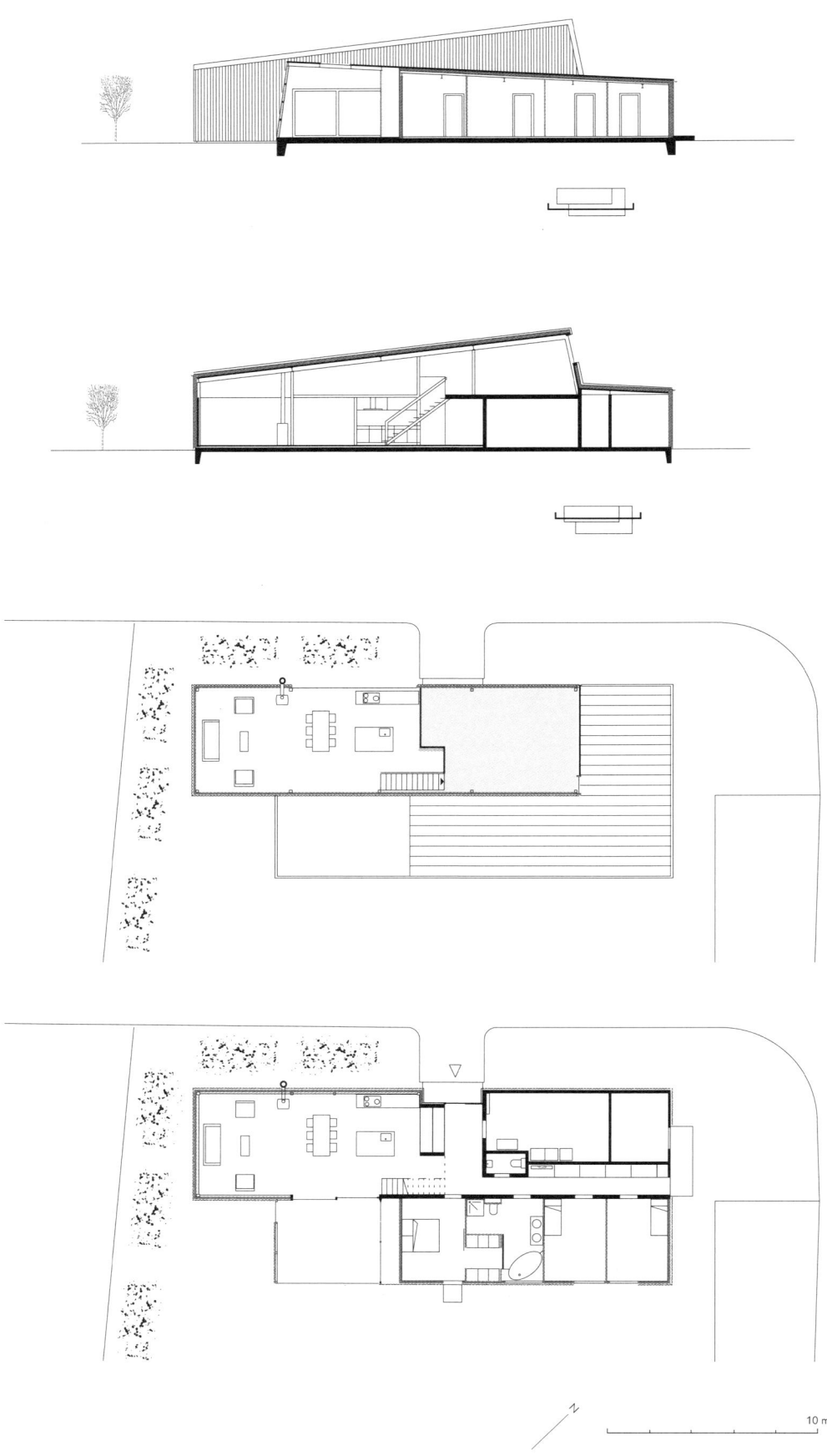

10 m

Umbau Berufs- und Handelsschule (EPCL), rue du Midi, Lausanne

Ein neues Gesicht

Das Umbauprojekt befindet sich in der rue du Midi, inmitten eines Lausanner Viertels aus dem 19. Jahrhundert. Die Gebäude der Strasse zeichnen sich durch einen klassischen Aufbau aus: Sockel, Hauptteil und Mansarden-Dach.

Das Gebäude der EPCL (Nr. 13) bildet seit seiner Aufstockung um eine Etage mit Flachdach (1961) eine Ausnahme im Kontext. In diesem Zuge verschwand seine Bekrönung, und das Volumen steht nun in Kontrast zum Modell und der einheitlichen Komposition der Strasse sowie zu einem Teil dieses Viertels.

Unser Vorschlag gibt dem Gebäude sein Dach zurück. Der Eingriff ist von der Wiederherstellung des ehemaligen Gesimses bestimmt und versucht, den Ausdruck der alten Aufstockung neu zu definieren, indem sie durch die Materialwahl und ihre Form den Charakter eines bewohnten Daches annimmt. Dieses Geschoss musste zudem neuen Anforderungen der Wärmedämmung genügen. Das neue Dach umhüllt im wörtlichen Sinn das Volumen von 1961 und bildet das vorspringende Gesims. Die Wahl von vorbewittertem Zink als Material, dessen Farbe einen Bezug zu den Schieferdächern der Nachbargebäude herstellt, erlaubt eine «anschmiegsame» Umhüllung, die sich an die so besondere Geometrie des Bestands anpasst.

Im Kontext einer nachhaltigen Entwicklung beweist das Projekt, dass sich auch ein missglückter Eingriff mausern kann: Das Gebäude hat ein neues Gesicht erhalten.

Conversion of a vocational and business school (EPCL), rue du Midi, Lausanne

Metamorphosis

The conversion is in the rue du Midi in a 19th-century quarter of the city. The buildings in the street are characterised by a classical design: base, body and mansard roof.

Located at number 13, the EPCL has stood out since its height was raised by means of a flat-roofed storey in 1961.

The crown disappeared and the building contrasts with the template of the others, as well as the regular design of the street and part of the quarter.

The project aimed to return the former roof to the building. The work required the level of the initial cornice to be re-established and attempted to redefine the expression of the earlier heightening by giving it the look of an inhabited roof through its materiality and geometry. This storey had to satisfy today's legal thermal requirements. The new roof literally wrapped up the 1961 construction, including the protruding ledge. The pre-weathered zinc, the colour of which mirrored the natural slate of the neighbouring roofs, served as a "supple" casing adapted to the very specific geometry of the existing structure.

In the context of sustainable development, this project demonstrates that a rather deplorable work can result in a quite magnificent conversion. The building has been metamorphosed.

Ausführung / Construction:
2006–2008
Projekt und Realisierung / Project and implementation: Olivier Galletti, Claude Matter
Hauptmitarbeit / Main collaboration: Cyril Lecoultre, Philipe Gloor

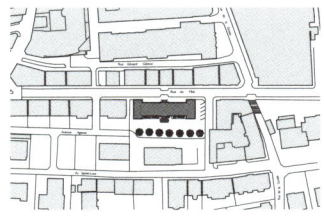

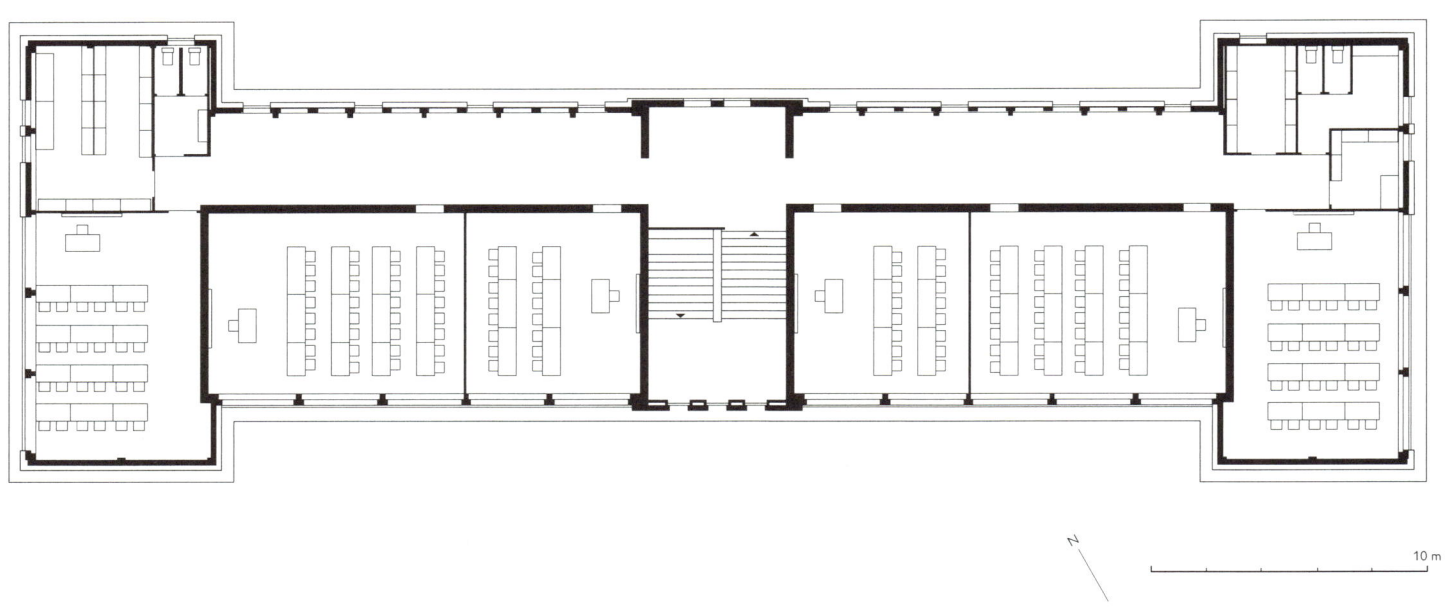

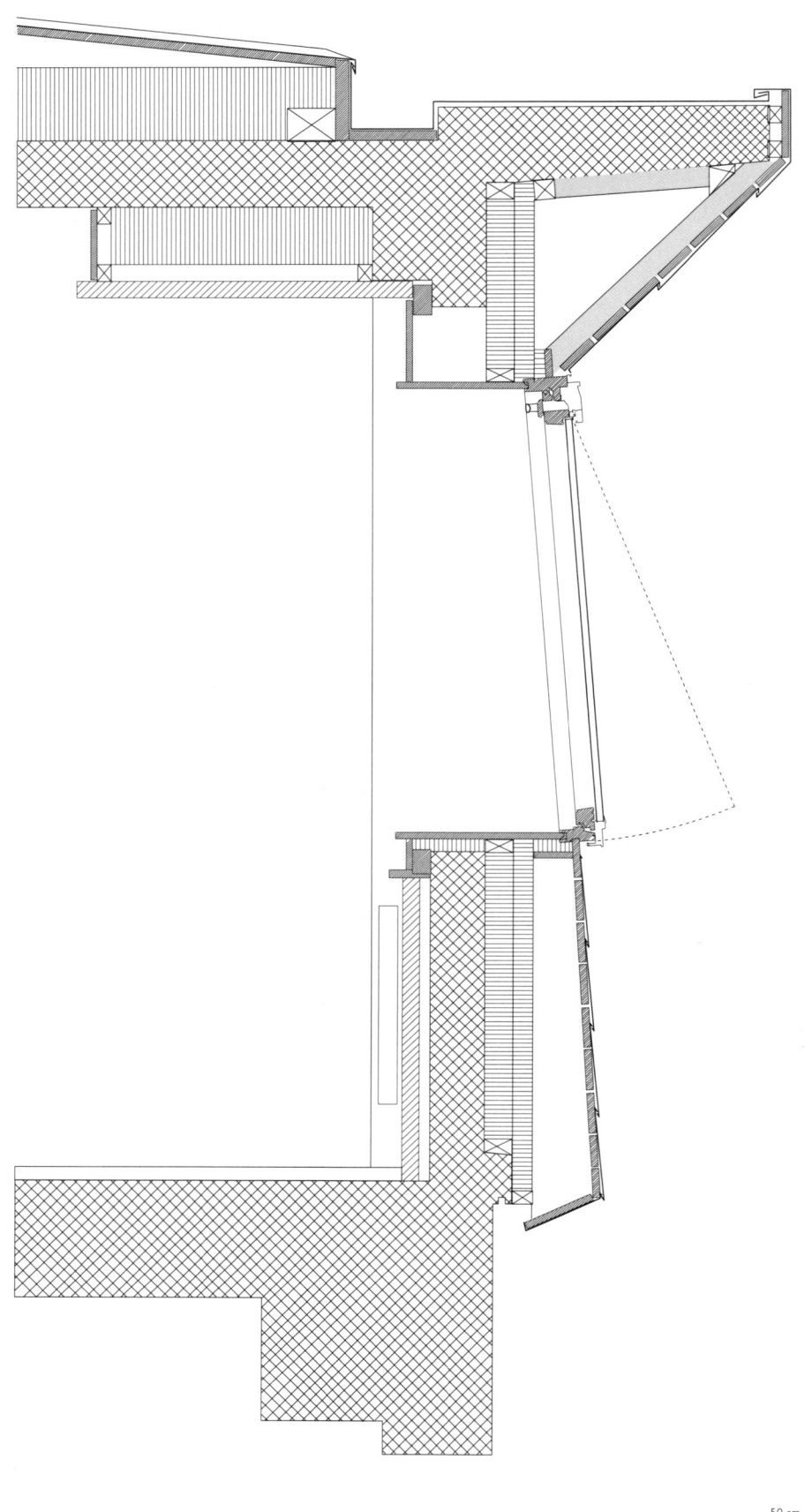

50 cm

40

Transformation eines Schulgebäudes, Lausanne

Conversion of a school building, Lausanne

Ohne einen Heller

Die alte Schule für Chemie hat verschiedene Umbrüche erlebt. Ab 1893, ursprünglich als Universitätseinrichtung genutzt, war sie vom Abriss bedroht und wurde dann mehrere Jahre als selbstverwaltetes Arbeits- und Kulturzentrum genutzt, bis 2004 der Umbau in einen Parlamentssitz erwogen wurde.

2005 wurde der Wettbewerb für den Umbau der alten Schule für Chemie ausgelobt. Die Aufgabe bestand darin, «das alte Gebäude nach den Prinzipien der Nachhaltigkeit zu renovieren, und in ihr die neue Ecole supérieure de la santé (Essanté) unterzubringen» – und dies mit geringen finanziellen Mitteln. Darin bestand die Herausforderung. Dahinter schlummerte noch die Frage: Wie lässt sich ein Ort verdichten, ohne die Fläche zu vergrössern?

Um die Kosten minimal zu halten, wurden die Konstruktion des Bestandsgebäudes und die Zwischenwände so weit wie möglich erhalten. Das Programm wurde also an das Gebäude durch eine Verfeinerung der von den Nutzern geforderten Flächen angepasst.

Die neue Treppe nimmt die Monumentalität der vorhandenen Treppe auf. Das System der zentralen Erschliessung wurde betont, indem die Treppe bis in das Unter- und hinauf bis in das Dachgeschoss verlängert wurde.

Eine neue Lasur, die an die Tuschlasur der Architektur des 19. Jahrhunderts erinnert, überzieht die Graffiti, die die ehemalige zwischenzeitliche Anwesenheit der Künstler bezeugen. Sie stellt zudem eine Verbindung zwischen den verschiedenen Epochen in der Geschichte des Gebäudes her.

Money makes the world go round

The former chemistry school has weathered a number of storms. Initially providing a home for the university from 1893 onwards, it was threatened with demolition before being used for a number of years as a self-managed work and artistic creativity area, having also been the subject of a project designed to convert it into a parliament building in 2004.

In 2005, a competition was launched to convert the former chemistry school, a challenge which would involve, "... renovating this building in accordance with the principles of sustainable development and making it the home of the new Higher Institute for Health, Essanté" with restricted financial resources. The underlying question was how to densify the location without increasing the surface area?

To ensure minimum expense, the structure of the existing building and partition walls were retained as far as possible and the programme itself adjusted to the building by refining the spaces required by the users.

The new staircase adopted the bulk of the existing stairwell, strengthening the central distribution system by extending the vertical flow from the basement to the roof.

A new glaze recalling the ink-wash painting of 19th-century architecture now covers the graffiti that bore witness to the presence of different artists and established the link between the different periods of the buliding's history.

Ausführung / Construction:
2004–2006
Projekt und Realisierung / Project and implementation: Olivier Galletti, Claude Matter
Hauptmitarbeit / Main collaboration: Rino Lamacchia

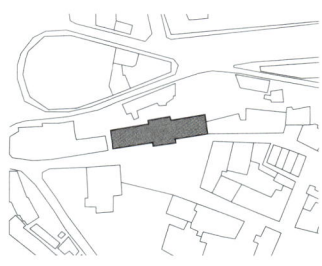

Sanierung des «Palais de Tokyo», Zentrum für Zeitgenössische Kunst, Lacaton & Vassal Architectes / Renovation of the "Palais de Tokyo", Contemporary Arts Centre, Lacaton & Vassal Architectes, Paris, 2001

Otto Wagner, Tuschezeichnung / ink drawing, Kreditanstalt, Baden

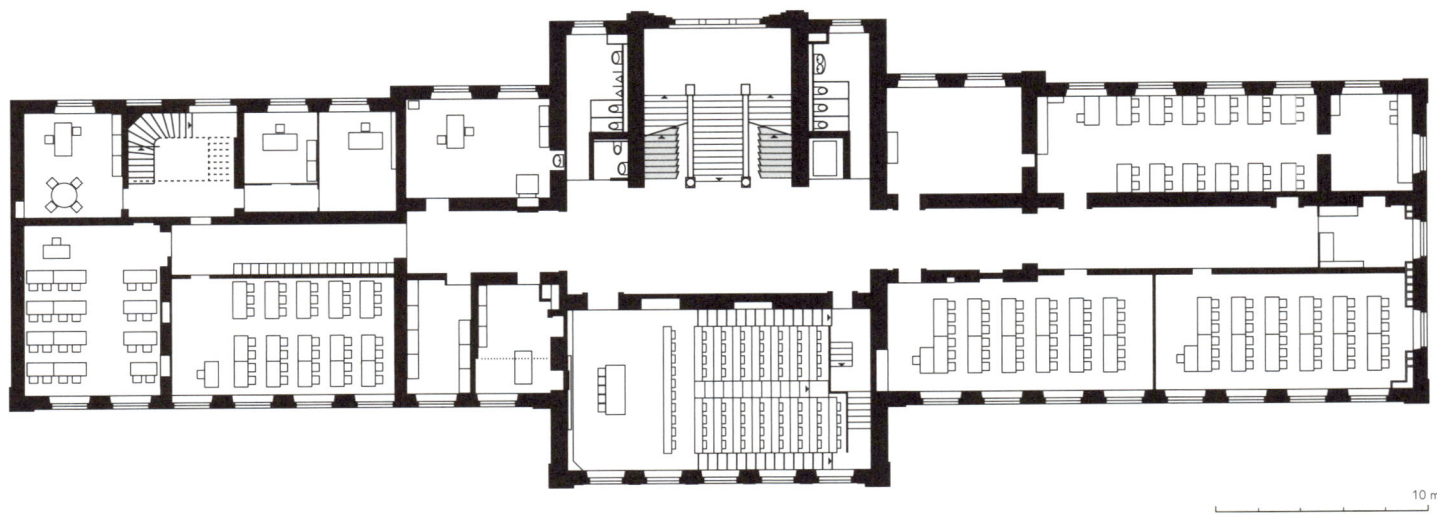

44

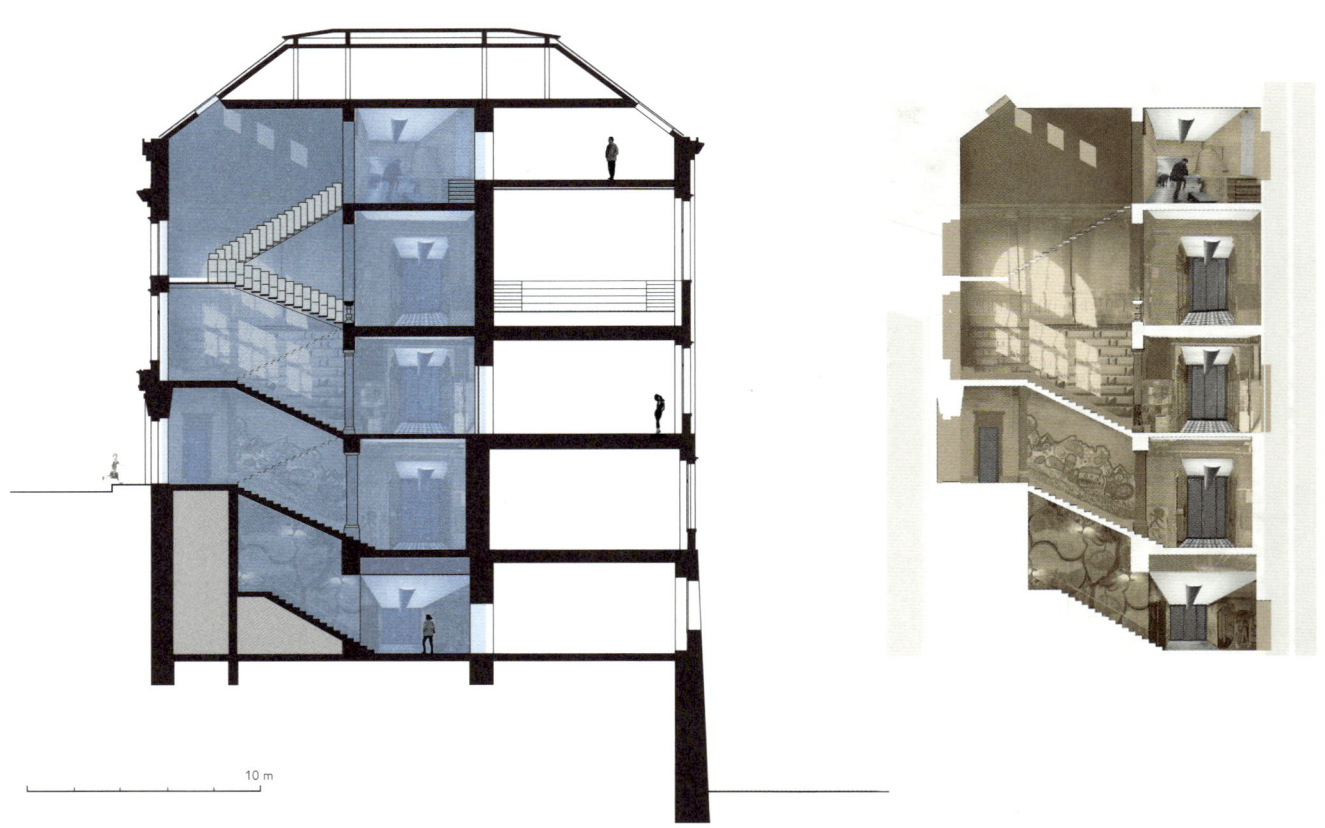

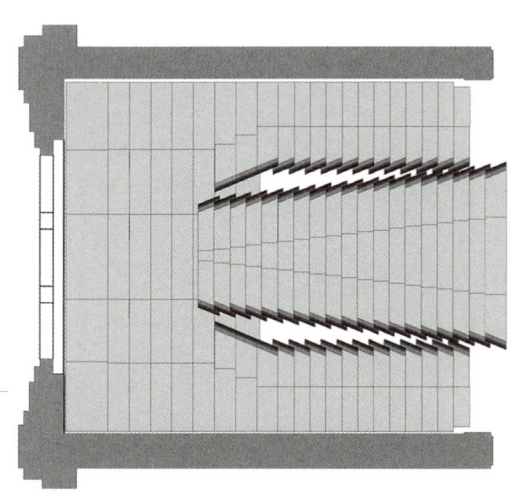

Primarschulhaus, Saint-Gingolph

Primary school building, Saint-Gingolph

Die fünfte Fassade

Oft blieb bei früheren Wettbewerben die Frage der Materialwahl offen, wenn sie nicht die Grundlage des architektonischen Konzepts bildete. Das erlaubt Nutzern und Architekten, hinsichtlich der Materialien mehrere Möglichkeiten durchzuspielen. Die Gemeinde Saint-Gingolph verlangte für ihre Schule ein Material, das widerstandsfähig gegen die vom benachbarten überdachten Pausenhof ausgehenden Erschütterungen sein sollte. Vorgefertigter Beton wurde ausgewählt.

Tonnen aufzuhängen, um leichte Isolierplatten zu schützen, mag uns heute absurd erscheinen. Die geforderte Widerstandsfähigkeit, die Hanglage, die Kostenfrage und schliesslich das architektonische Erscheinungsbild eines Gebäudes, dessen Dach in gleichem Ausmass sichtbar ist wie seine Fassaden, rechtfertigen jedoch diese Entscheidung.

Nachdem die Wahl getroffen war, konzentrierte sich die Arbeit auf die Fertigbauteile: Die Freiheit, die die Vorfertigung hinsichtlich der Form und Textur der Teile gibt, wurde genutzt, um einen Ausdruck zu erzielen, der von einem Schuppenpanzer inspiriert ist. Die grossen Schuppen haben vielfache, daher nicht zu erkennende Fugen, die auch zu einem Gestaltungsmotiv avancierten. Die Farbe der Zuschlagstoffe nimmt Bezug auf die Berge, die den Charakter der Anlage bestimmen.

The fifth façade

Often, in past competitions, the question of materiality remained open unless it was fundamental to the architectural concept. This offered both the user and the architect the opportunity to envisage several possibilities with regard to the materials.

For its school, the municipality of Saint-Gingolph wanted a materiality that was impact-resistant in view of the proximity of the yard. Prefabricated concrete was the material chosen. Today, it seems absurd to use tonnes of material to protect a few light-insulating panels. The conditions of resistance, of building on a slope, of the cost and of a building's architectural image where the roof is just as visible as the façades were nevertheless of paramount importance in justifying this decision.

Once the choice was made, the work focused on the prefabricated elements. The freedom offered by prefabrication in defining the shape and texture of the elements was used to achieve an expression inspired by a shell comprising large scales, which are seamlessly joined because they are so numerous. It also forms a pattern with the colour of the aggregate, reflecting the effect of the mountains overlooking the site.

Ausführung / Construction:
2005–2008
Projekt / Project: Olivier Galletti,
Claude Matter
Realisierung / Implementation:
Claude Matter
Hauptmitarbeit / Main collaboration:
Pascal Jeker

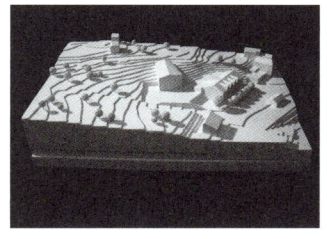

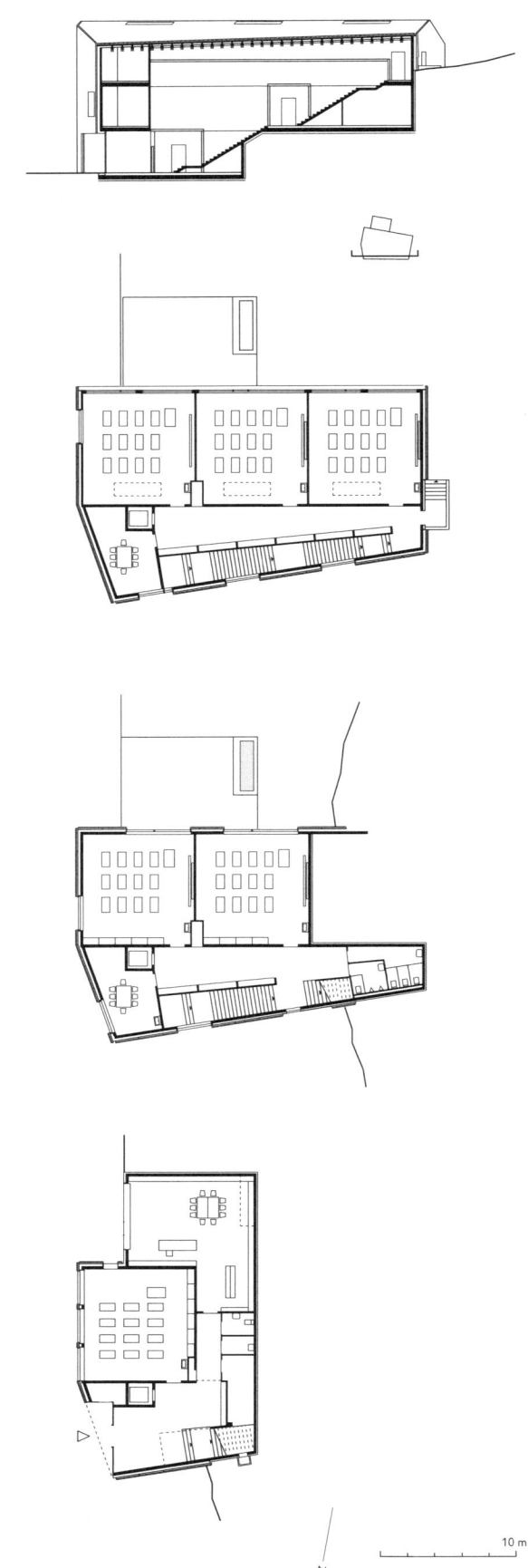

10 m

N

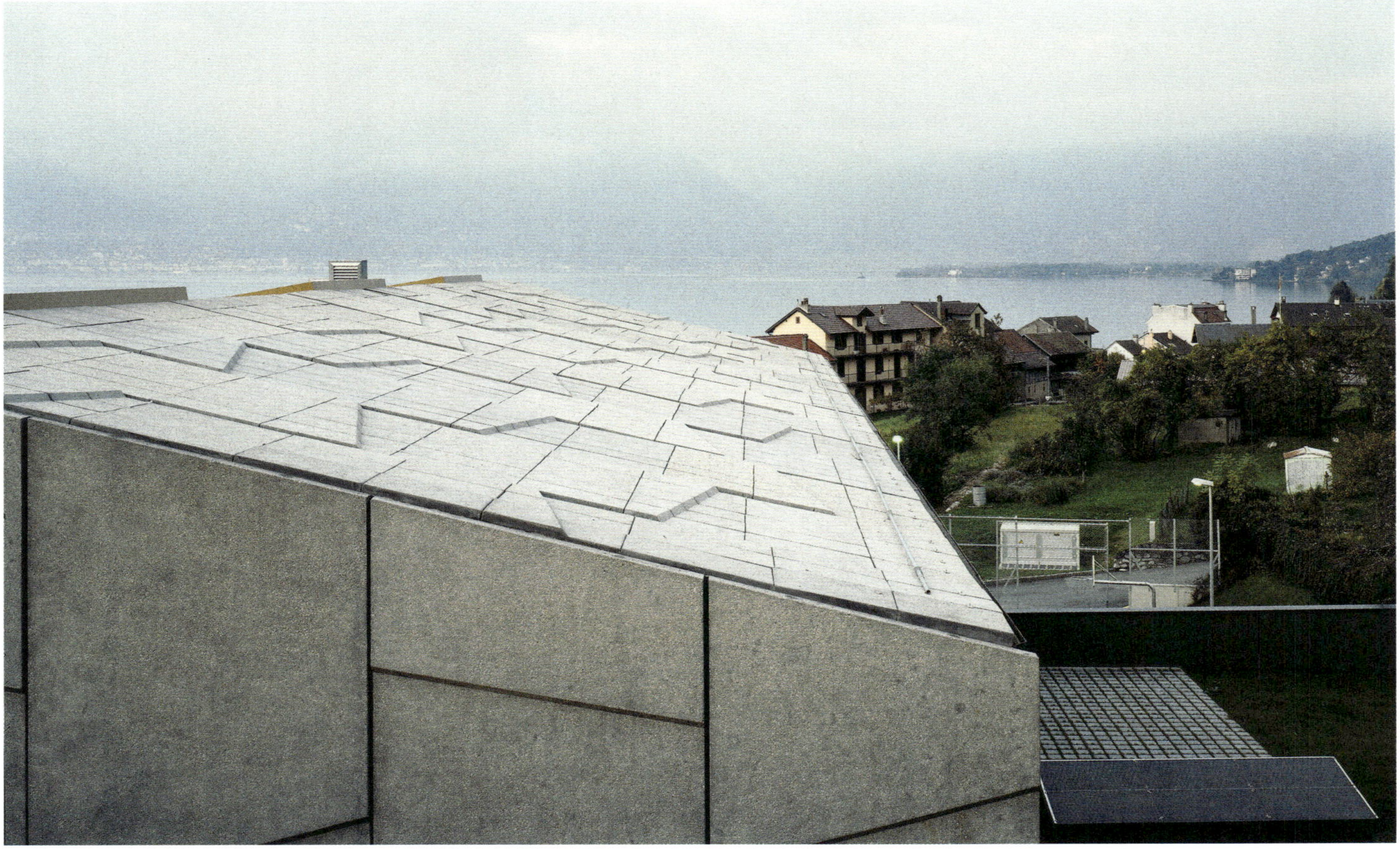

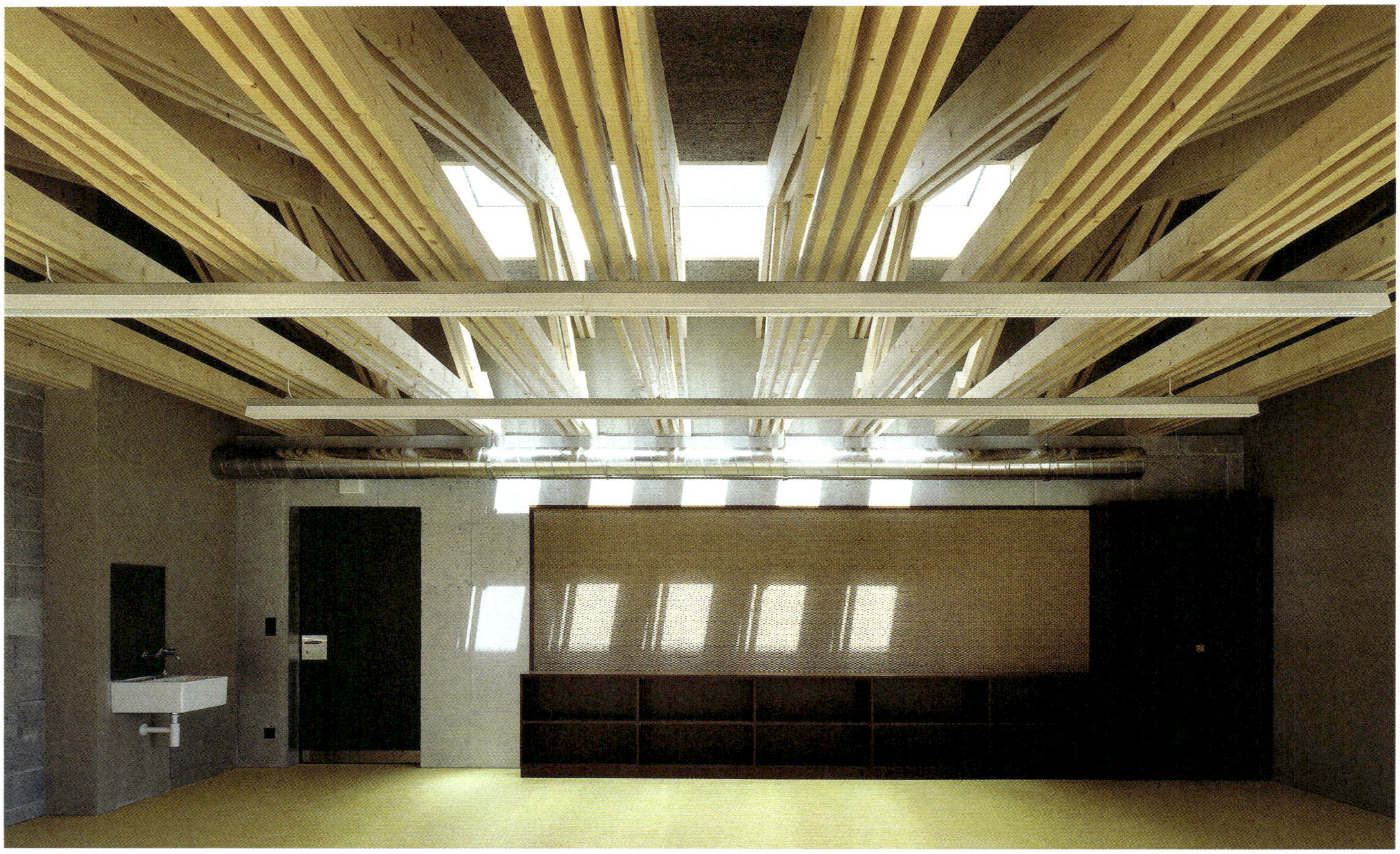

Einfamilienhaus, Grandvaux

Single family home, Grandvaux

Ein Haute-Couture-Wohnhaus

Das Gebäude steht auf einem Geländestreifen unterhalb der Kantonsstrasse am Ufer des Genfersees im Lavaux, das kürzlich zum Unesco-Welterbe erklärt wurde.

Der Fall war nicht ungewöhnlich: Durch Änderungen der Bebauungsdichte, den Druck der Stadt und wirtschaftliche Zwänge geriet das bauliche Erbe in Gefahr, nicht zuletzt, weil schöne Grundstücke selten unbebaut bleiben. Da hier der historische Wert des baulichen Bestands unerheblich war, konnte in einer Weise neu gebaut werden, die den Eigenschaften des Ortes angemessener ist. Das neue Wohnhaus fügt sich in den Hang ein und bekennt sich zu den beiden Merkmalen der Umgebung: den Weinbergen und der lästigen Strasse oberhalb und dem See unterhalb.

Lassen wir unsere Auftraggeber zu Wort kommen: «Im Verlauf des mehrmonatigen Kontakts mit den Architekten haben wir uns nach und nach mit den Fragen und Überlegungen vertraut gemacht, die die Ausarbeitung eines architektonischen Projekts und seine Konkretisierung kennzeichnen. Schleichend [...] wurde unser Blick auf unsere gebaute Umwelt neugieriger, aber wir erkannten schnell, dass es uns an Wissen fehlte, um die Lage objektiv zu verstehen. Um diesen Mangel auszugleichen, haben wir die Projektphase so lange ausgedehnt wie möglich. So verlängerten wir auch die Zeit, in der wir etwas lernen konnten.»

Schliesslich errichteten wir, nach vier Jahren des Austauschs, das Gebäude in einer Weise, wie man seinen Lebenspartner auswählt: mit Liebe, Leidenschaft, Geduld, Vertrauen, Mut, Standhaftigkeit und viel, viel Zeit. Nur so konnte das Projekt zustande kommen.

Haute couture house

The construction stands on a strip of land below the cantonal road on the shore of Lake Geneva in the Lavaux region, a recent addition to the list of UNESCO World Heritage sites.

It is becoming a common phenomenon. Changing population densities, urban pressure and the economy have jeopardised the upkeep of a built heritage, all the more so as attractive plots of land have rarely remained untouched. The negligible property value of existing buildings made it possible to rebuild more adequately in accordance with the characteristics of the site. The new home is built into the slope and reflects the two features of the surrounding countryside: the vines, the road noise from above and the lake below.

But let our customers speak for themselves: "... Having worked with construction professionals over a period of several months, we gradually became more familiar with the questions and reflections that punctuate the development and materialisation of an architectural project. Slowly but surely, we became more curious about our built environment, although we quickly realised that we did not have sufficient knowledge to understand it with a sufficient degree of objectivity. To overcome this failing, we extended the project phase as long as possible – extending our learning in the process."

In the end, after four years of dialogue, we built a house much as we would choose a partner for life – with love, passion, patience, trust, courage, perseverance and time, a great deal of time. Without that, there would be no project.

Ausführung / Construction:
2006–2010
Projekt / Project: Olivier Galletti, Claude Matter
Realisierung / Implementation: Claude Matter
Hauptmitarbeit / Main collaboration: Raphael Dessimoz

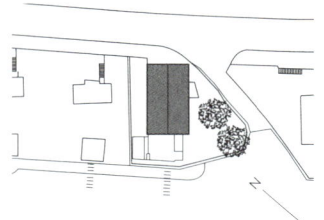

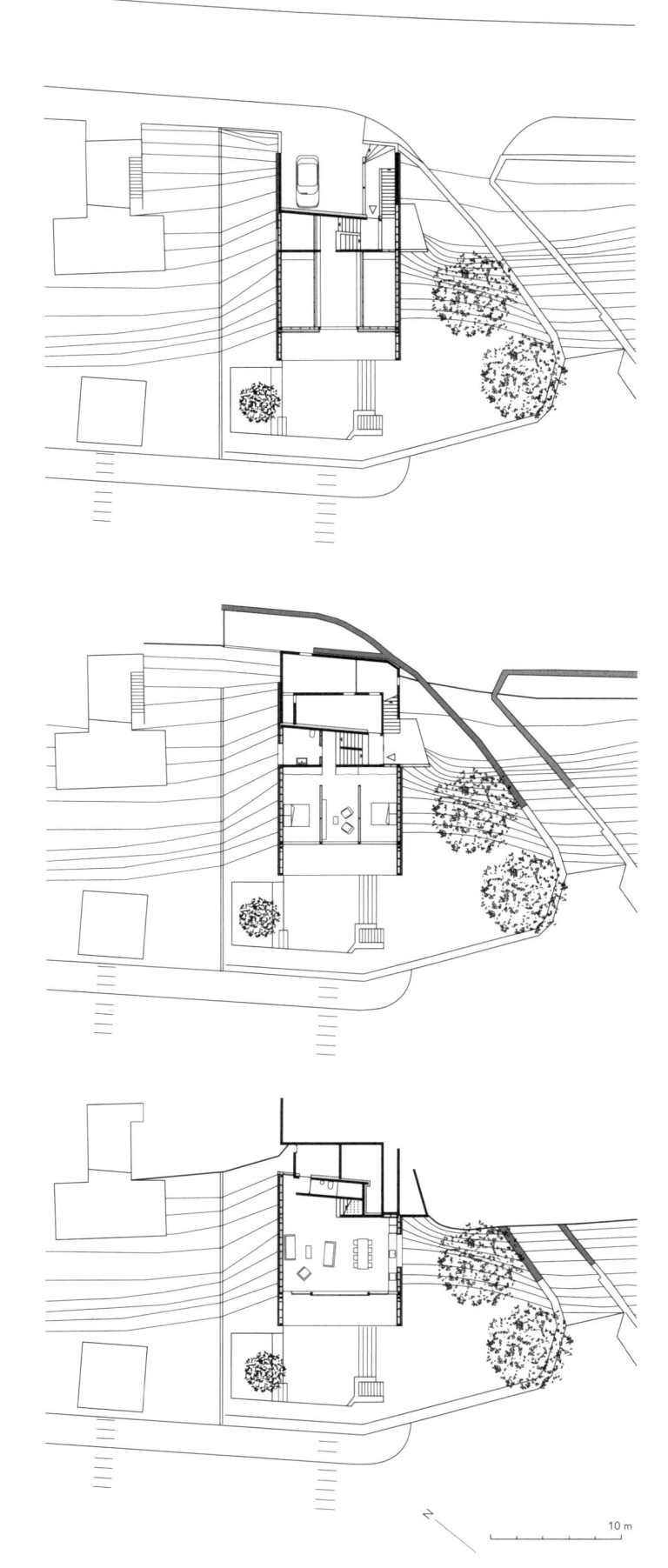

10 m

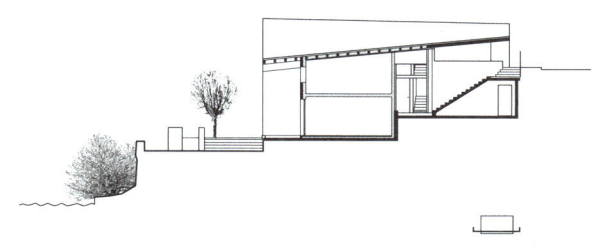

Erweiterung Wohngebäude, Lausanne

Extension for a residential building, Lausanne

Der Tod des Bauherrn

Das Projekt entstand siebzehn Jahre nach der Errichtung eines ersten Gebäudes mit zwei Wohnungen, bei der der Garten einer Villa aus den 1930er Jahren umgestaltet worden war.

Bei der ersten Realisierung haben die Lehren Luigi Snozzis tiefe Spuren hinterlassen: Das betrifft die Lektüre des Orts, die Ökonomie des Geländes, die Hierarchie der eingesetzten Mittel und die Materialgebung.

Das erste Gebäude, dessen Plankonzept bis in die Zeit des Studiums bei Luigi Snozzi zurückreicht, ist eine Hommage, die bauliche Verifikation des Gelernten. Bei dem letzten Projekt scheint der Meister getötet zu sein, aber der Ort bleibt das Zentrum des Projekts, indem das Ursprungsgebäude zu einem Teil des Geländes wird. Während der Beton der Aussenfassaden des ersten Projekts einen Bezug zur Erde herstellt, sind die die äussere Isolierung schützenden Fassaden des neuen Gebäudes leicht und wirken durch ihr Material und ihre Farbe fast pflanzlich.

Das Thema des Pflanzlichen findet sich auch in bestimmten Details: bei der Markise am Eingang und an den Seiten der Küche aus mit Melaminharz getränktem Scobalit, auf das ein Muster aus getrockneten Lilienblättern aufgedruckt ist, sowie durch den Einschluss von Blättern von den Bäumen auf dem Gelände, die in dem Sichtbeton ihre Spuren hinterlassen haben. Die Badezimmer sind mit konventionellen Glasplatten verkleidet und reflektieren das Licht und das Wasser.

Die Mauern bleiben unverkleidet, und die weichen, bunten Wollvorhängen bilden einen Kontrast zu diesem Rohzustand. Das Wesentliche sind der unverputzte Raum und der Ausblick in die Landschaft.

The death of the master

This project was developed seventeen years after an initial two-apartment building that involved redesigning the garden of a house dating back to the 1930s.

During the initial project, the teachings of Luigi Snozzi left a number of indelible marks: the interpretation of the site, the economy of the territory, the hierarchy of the resources used and the tangible expression of it all.

With drafts dating back to the period of study with Luigi Snozzi, the first building is a sort of homage, the tangible verification of his teachings. In the more recent project, the master seems to have been killed although the location remains at the heart of the project, with the initial building being incorporated into the site. While the external concrete of the façades of the first project retains the soil, the façades of the new building are light and almost vegetative through their materiality and colour, while protecting the external insulation.

The botanical theme can also be seen in certain details including the entrance sheeting and the kitchen cabinet fronts in melamine Scobalit printed with dried lily leaves, as well as the inlaid leaves taken from the surrounding trees, leaving their mark in the rough concrete. The bathrooms are clad with standard glass panels that reflect the light like water.

The walls are left rough and the curtains of supple, coloured wool contrast with this rugged aspect. This is the main element: raw space and a view over the landscape.

Ausführung / Construction:
2007–2009
Projekt / Project: Olivier Galletti, Claude Matter
Realisierung / Implementation: Claude Matter
Hauptmitarbeit / Main collaboration: Steven de Palézieux

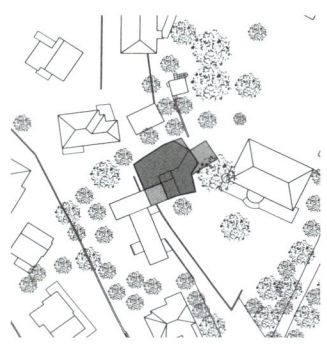

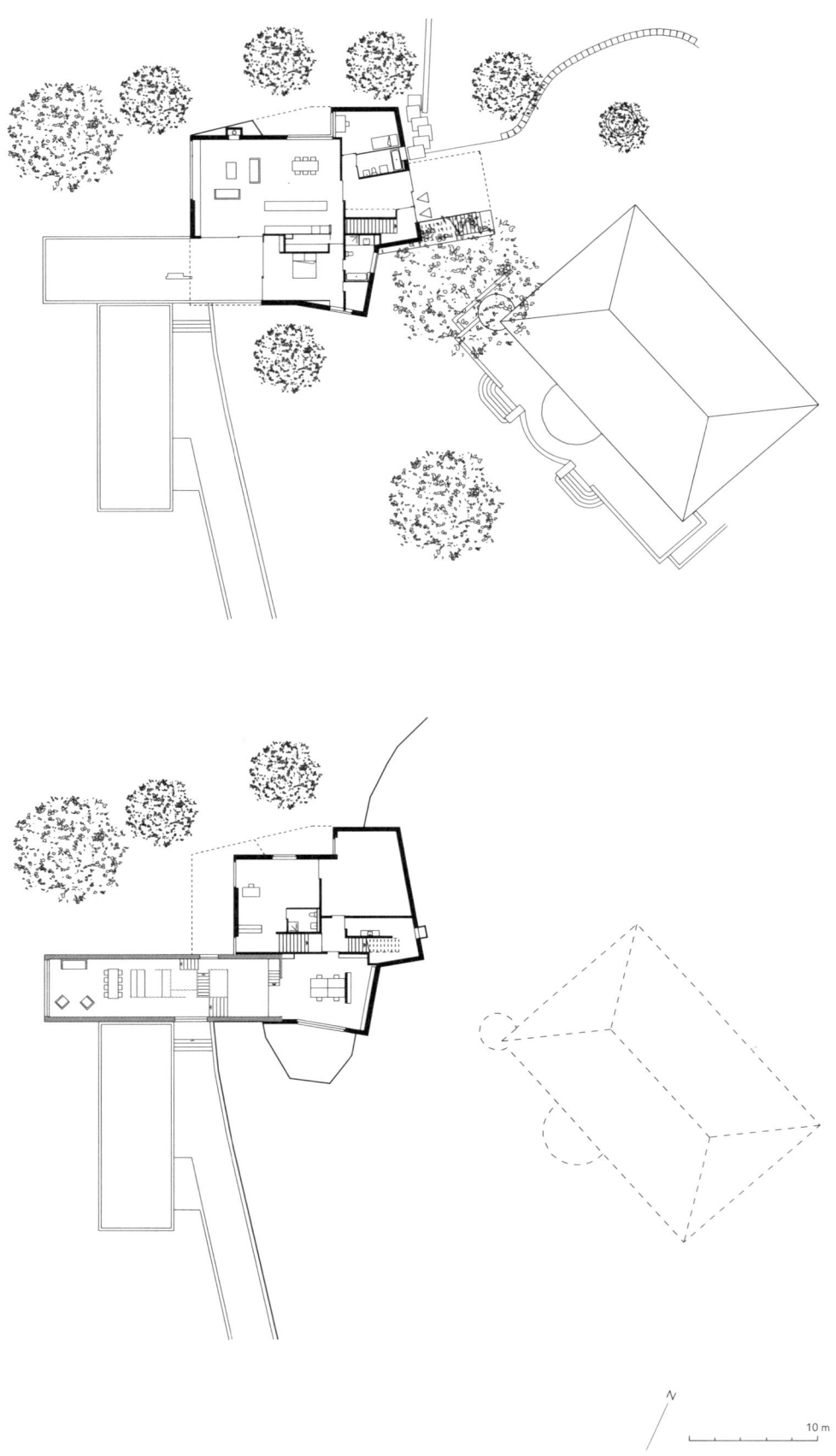

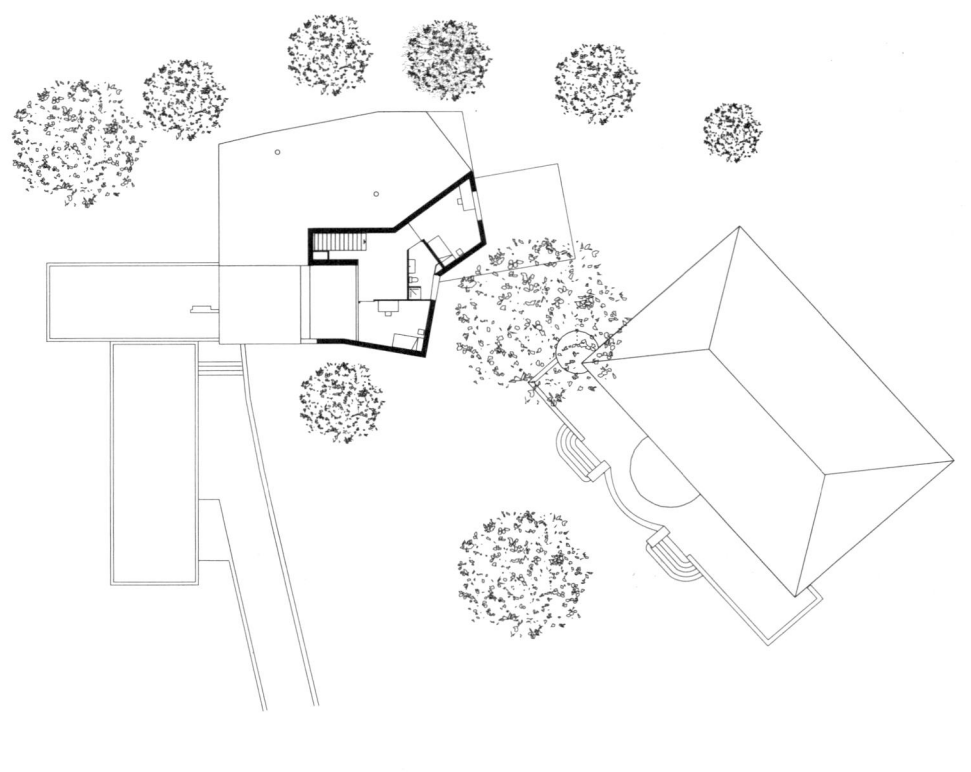

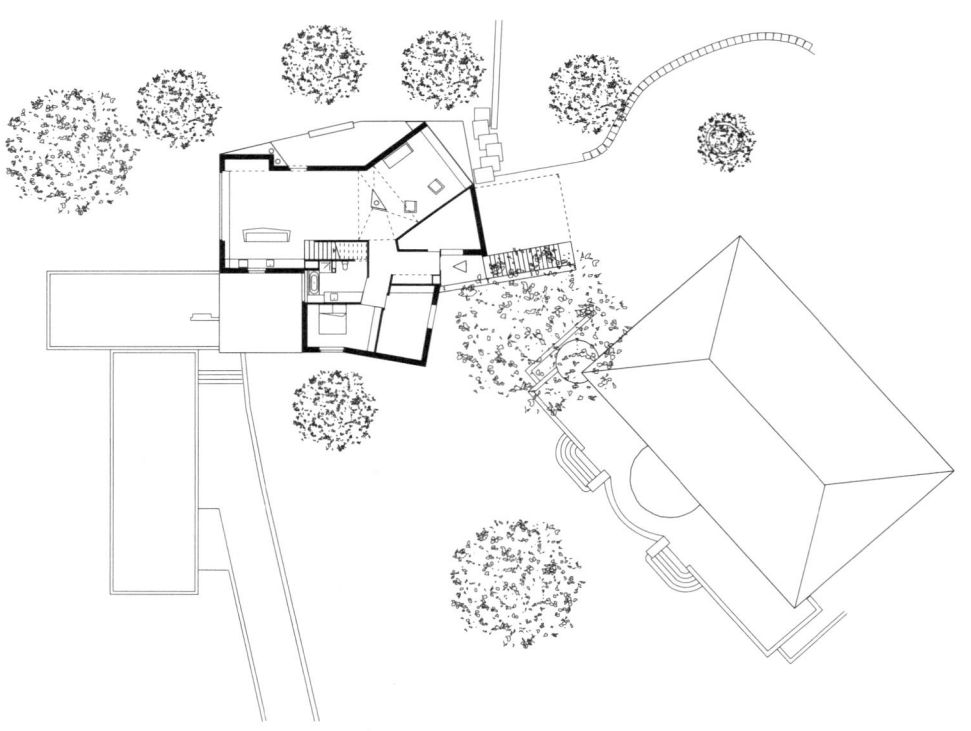

64

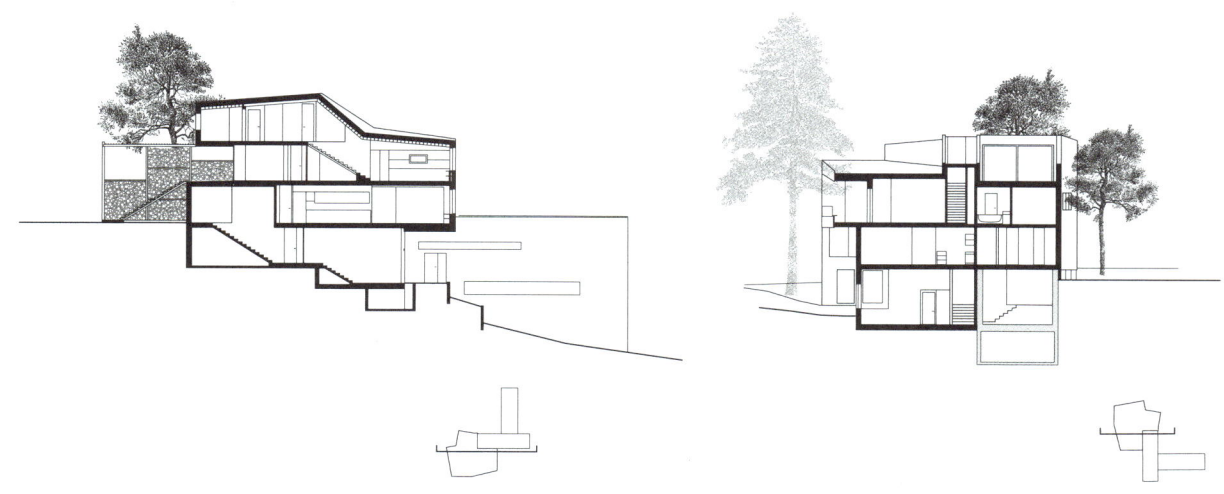

Sanierung historisches Wohnhaus, Sitten

Renovation of a historical residential building, Sion

Die Seele

Wie oft haben wir uns sagen hören: «Es ist einfacher, alles abzureissen»? Seit 1535, also ab dem Zeitpunkt der Errichtung des ersten Gebäudes vor Ort, haben viele ihre Spuren an diesem Bauwerk an der Sittener Stadtmauer hinterlassen. Unsere Aufgabe war, diese Spuren offenzulegen und unsere hinzuzufügen.

Die Hinzufügung eines Beton-Ringankers zum verstärkten Schutz gegen seismische Aktivitäten und eines Fahrstuhlschachts, um eine komfortable Erschliessung für künftige Generationen zu schaffen, bietet Risiken und Chancen: das Risiko, die Seele des Orts zu zerstören, und gleichzeitig die Chance, sie herauszuarbeiten. Unsere Entscheidungen waren von der zweiten Möglichkeit geleitet.

Das Ensemble aus zwei Gebäuden ist in eine mittelalterliche Umgebung eingefügt. Das Dach ist von der Basilique de Valère aus sichtbar. Das Ensemble ist von drei Seiten eingefasst. Die beiden Wohnungen sind über die ganze Höhe als Maisonette entwickelt, die über die alte steinerne Wendeltreppe und einen gemeinsamen Fahrstuhl erschlossen werden.

Die geringe Grundstücksgrösse und der geringe Einfall von Sonnenlicht führten zu einer besonderen Typologie, die der üblichen Aufteilung widerspricht. Im Erdgeschoss, dem untersten und dunkelsten Teil des Gebäudes, wurden die Schlafzimmer untergebracht. Weiter oben fällt der Blick auf die Dächer der Nachbarbebauung, die Stadt und den Hügel mit der Burgruine. Die Küche, das Esszimmer und die Wohnzimmer verteilen sich bis hinauf unter das Dach. Ein bestehender Balkon, der um einen tieferen Teil verlängert wurde, und ein neuer Balkon vor der Haupttreppe bieten jeder Wohnung einen Bereich im Freien.

Es ging bei diesem Projekt nicht darum, die Vergangenheit «einzuebnen», sondern darum, sie herauszustellen. Diese Wohnungen stellen sich als ungewöhnliche Behausungen dar, die die Präsenz des Ortes und seine Geschichte betonen. Die Bodenplatten und aus dem Lot gerückte Mauern verleihen den Wohnungen einen besonderen Charakter – dank ihres Charmes haben sie Abnehmer gefunden. Ein Facelifting ist keine Option für eine alte Dame.

The soul

How many times have you heard yourself saying "It's easier to simply knock it all down"? Since 1535, the date of the initial construction, each successive owner has left their mark on this building situated inside the ramparts of the city of Sion. It was up to us to uncover these marks and leave our own.

The addition of seismic reinforcements by means of concrete fortification and a lift trémie, creating a deliberately comfortable living environment for modern generations, could either have destroyed or consolidated the soul of the place. Our focus was firmly on the latter option.

Ensconced in a medieval setting, the roof of which can be seen from the Basilique de Valère, the two buildings are closed in on three sides. The two houses both use the entire height of the buildings like two maisonettes served by the old, spiral stone staircase and a shared lift.

The reduced space and limited light gave rise to a specific and somewhat unconventional design. The bedrooms are on the ground floor, at the lowest and darkest level of the building. Higher up, there is a clear view above the adjoining building over the rooftops, the town and the castle hill. The kitchen, dining room and living areas reach up to the top of the house. An existing balcony extended by a deeper section and a new balcony in front of the main staircase offer each house its own outdoor area.

Here, it is not a case of smoothing over the past but of revealing it. These apartments offer an opportunity to propose unusual accommodation that marks the presence of the place and its history. The flagstones and out-of-plumb walls lend a rather unusual character to these apartments which were quickly snapped up. An old lady doesn't need a face lift.

Ausführung / Construction: 2007–2015
Projekt / Project: Olivier Galletti, Claude Matter
Realisierung / Implementation: Cédric Bongard bureau Eponym, Lausanne

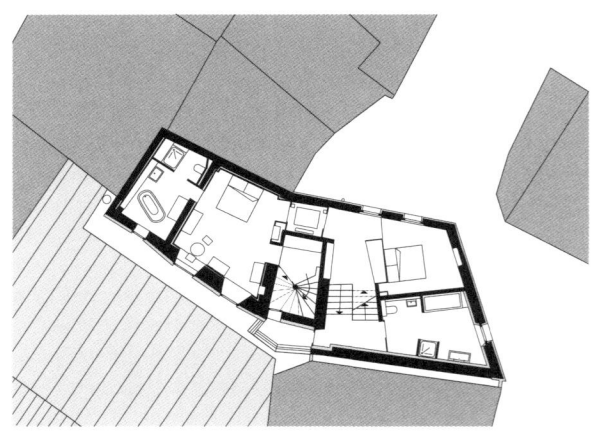

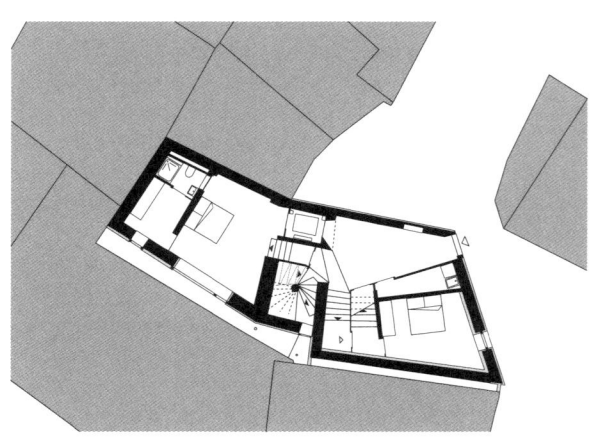

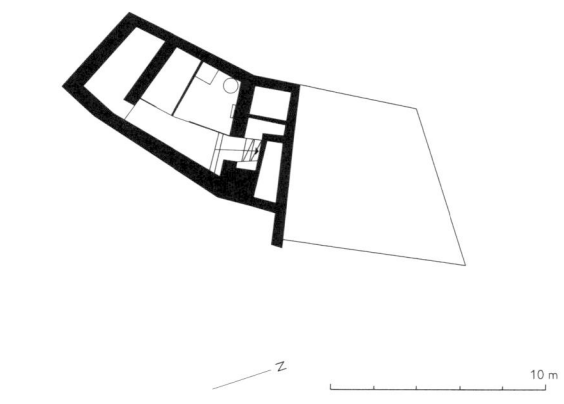

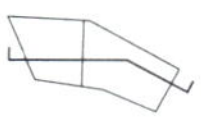

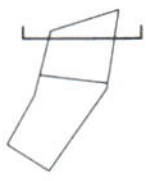

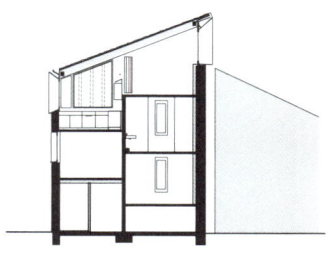

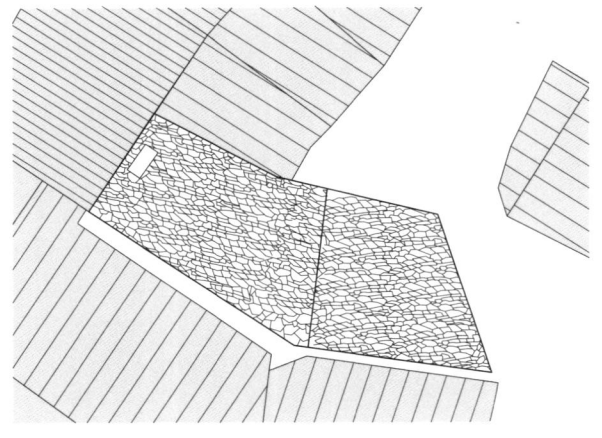

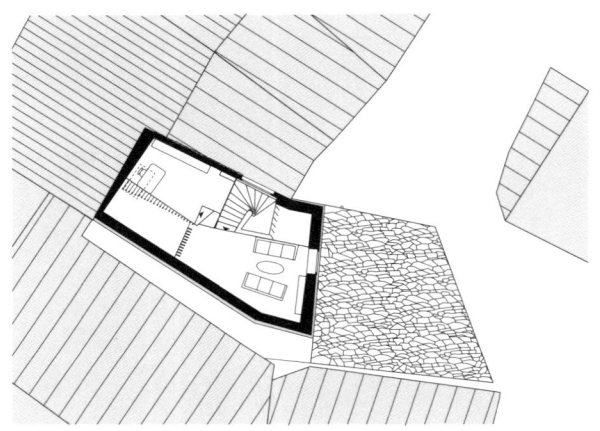

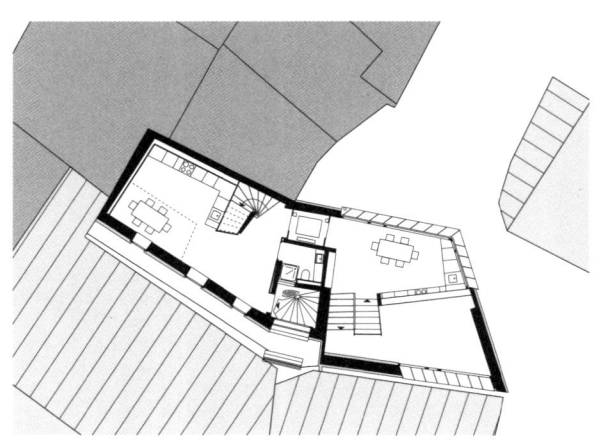

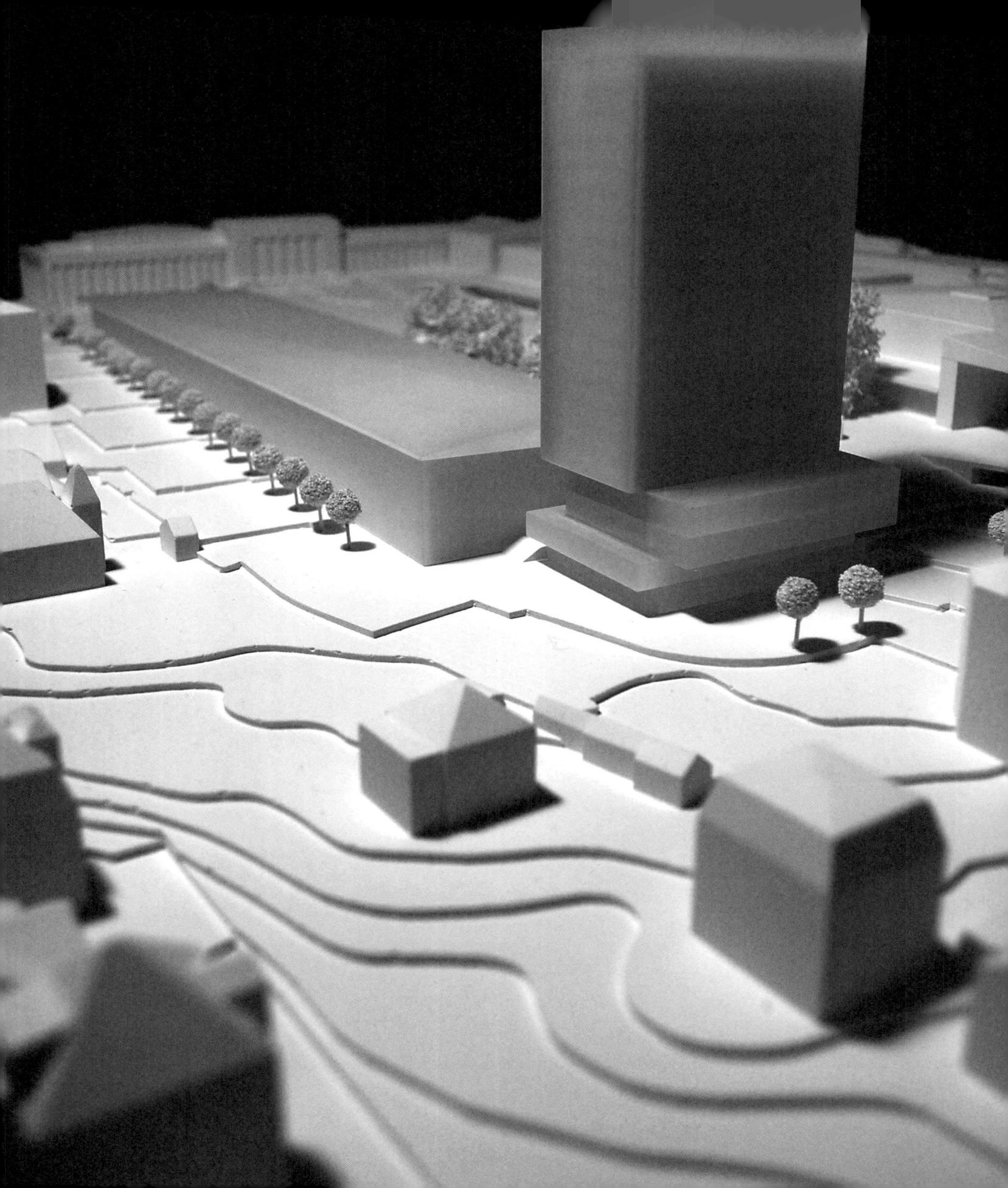

Wettbewerb Ausstellungs- und Kongresszentrum Beaulieu, Lausanne

Competition for the Beaulieu Congress and Exhibition Centre, Lausanne

Wettbewerb / Competition: 2008;
2. Preis / 2nd Prize
Projekt / Project: Claude Matter
Nicht realisiert / Not built

Turm-alin

2008, zur Zeit des Wettbewerbs, waren Türme in und um Lausanne noch nicht in Mode. In einem grösseren Zeithorizont betrachtet besitzt Lausanne aber durchaus eine Turmbautradition. Sie sind im kollektiven Bewusstsein jeweils mit verschiedenen Stadtvierteln verbunden; der Bel-Air-Turm mit dem gleichnamigen Viertel, der Edipresse-Turm mit dem Bahnhofsviertel oder der Sauvabelin-Turm mit dem gleichnamigen Wald und Stadtteil.

Von dieser Beobachtung ausgehend, erschien ein Turm für das Hotel des Kongresszentrums als sinnvoll. Die Verdichtung des Südteils der Front zur Avenue Jomini erlaubt, alle Programmteile auf einem begrenzten und schon sehr dicht bebauten Grundstück unterzubringen. Der Beaulieu-Turm avanciert zum Wahrzeichen des Messekomplexes und des gesamten Viertels.

Durch seinen Standort ergeben sich eine Art Eingang zum Gelände an der Avenue Jomini und ein Platz für die Nutzer des Viertels. Der Turmsockel passt sich dem Gefälle der Avenue Jomini und dem Massstab der Nachbargebäude an. Er nimmt den Zugang zu den Hotels, das Restaurant und die Büros auf. In den Obergeschossen liegen die Zimmer der verschiedenen Hotels. Sie profitieren von der freien Aussicht.

Die Hülle aus einer doppelten Glasschicht erzeugt ein leichtes, transparentes Erscheinungsbild. Vorhänge aus farbigem Leinen sorgen zwischen den beiden Glasschichten für den nötigen Sonnenschutz. Das Ensemble ist eine Komposition aus grossen bunten Fenstern, die je nach Jahreszeit und Nutzung anders erscheint.

Tower-maline

During the competition in 2008, towers in and around Lausanne were not yet part of the architectural scene. And yet, if we take a slightly closer look, the city of Lausanne already has a history of towers. In the collective imagination, they are associated with different quarters of the city. The Bel-Air Tower, for example, is linked to the district of the same name, while the Edipresse Tower is associated with the station district the Sauvabelin Tower with its forest, etc.

Based on this analysis, a tower housing a hotel for the congress centre made perfect sense, as the densification of the southern section of the Jomini area made it possible for all the programme's activities to be incorporated into a limited site that was already very dense. The Beaulieu Tower could thus become the emblem of the trade fair complex as well as the entire district.

The layout meant that an entrance could be positioned along Avenue Jomini, providing locals with an open space. The base of the tower was incorporated into the slope of Avenue Jomini and reflected the scale of the surrounding accommodation. It included access to the hotels, restaurant and offices. The upper floors of the tower were occupied by the rooms of the different hotels, enjoying a clear view over the cityscape.

The shell comprised a double glass skin, lending the building its light and transparent appearance. Between the two layers of glass, coloured canvas blinds provided protection against the sun. The building as a whole created the impression of a large stained glass window that changed according to its use and with the passage of the seasons.

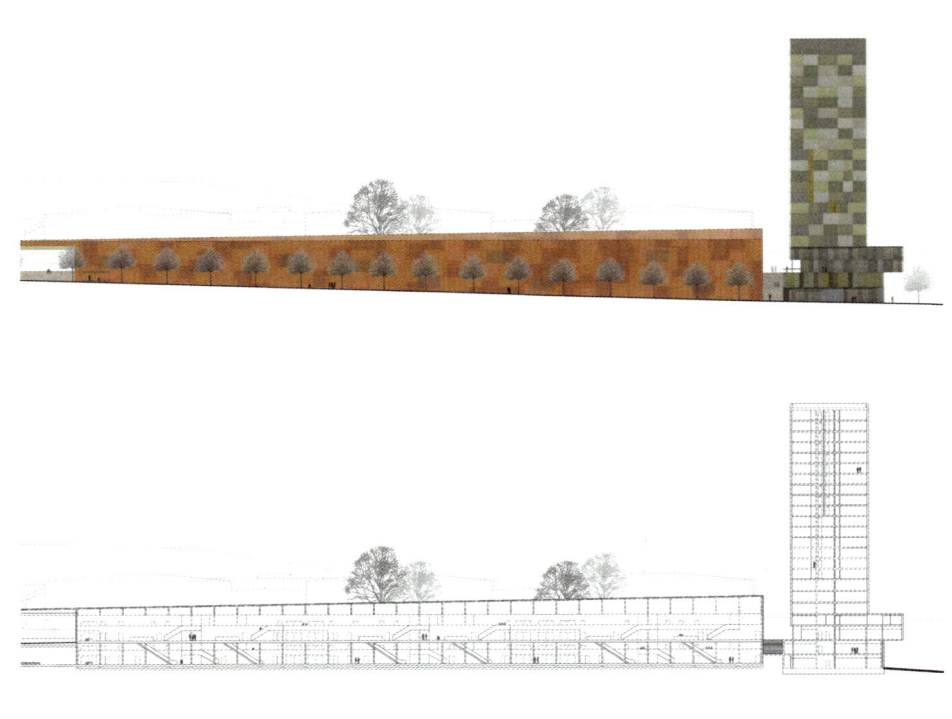

50 m

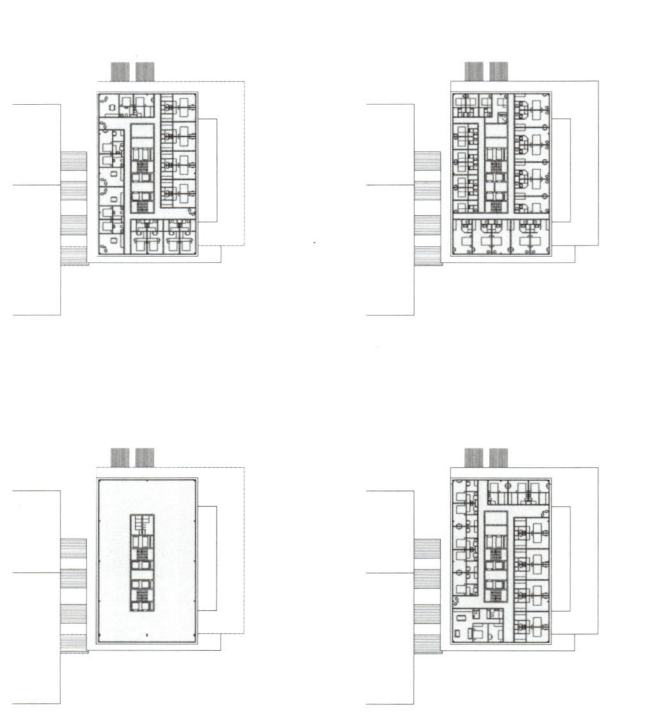

30 m

78

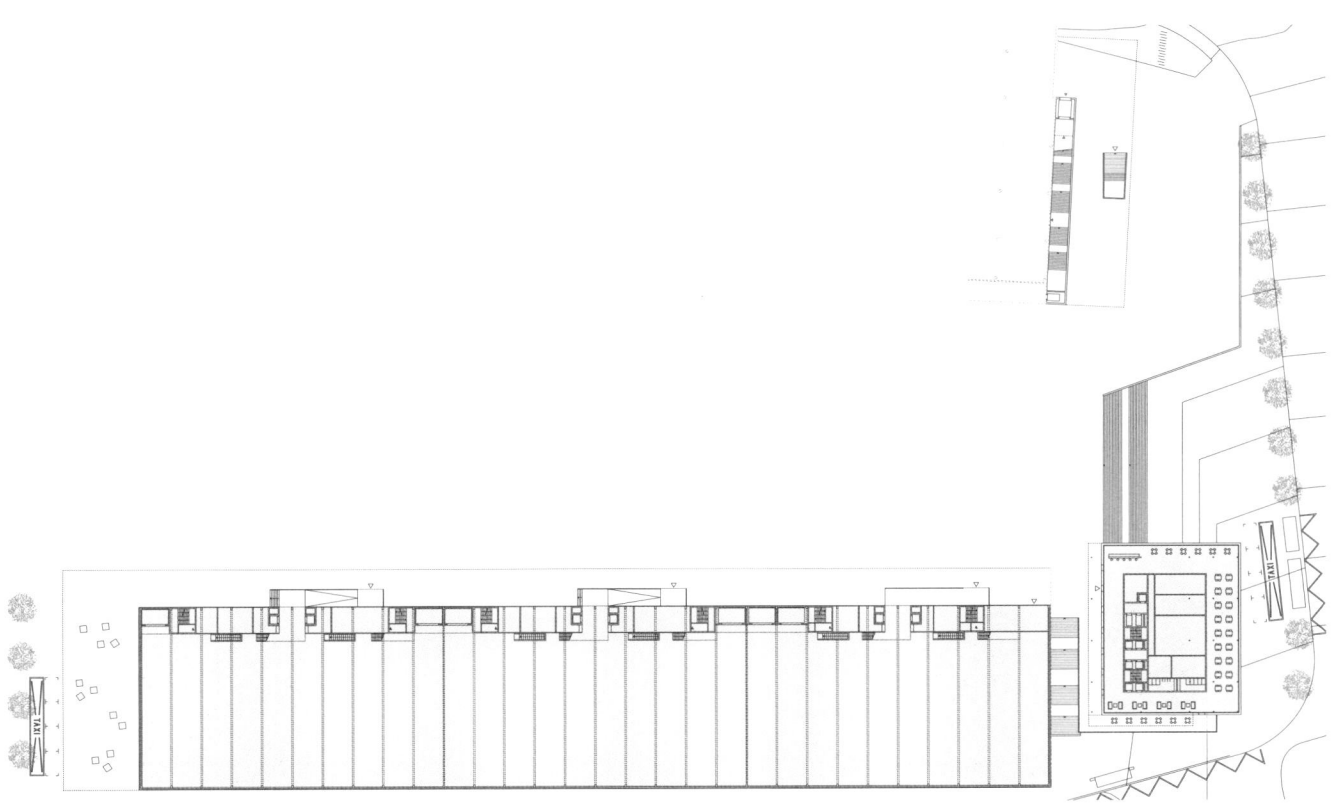

Umbau Maiensäss, Satarma, Evolène

Conversion of a rural cottage, Satarma, Evolène

Einfachheit

Mit diesem Projekt wurde keine Kopie der Vergangenheit geschaffen. Es ist möglich, das Erbe zu respektieren, indem man es sich entwickeln lässt. Der Einsatz regionaler Materialien ist ein Garant für diese Kontinuität.

Zu einer Zeit, als nachgemachtes Altes die Gemeinden des Wallis überwucherte, bezogen wir mit der Renovierung dieses Maiensäss deutlich Position: Das Holz tritt als schützendes Material der Isolierung hervor. Der alte Teil befand sich in ausgezeichnetem Zustand und bezeugt nach wie vor, dass es möglich ist, mit Massivholz zu bauen: Er besteht aus prächtigen Bohlen mit einem Querschnitt von 50 bis 60 Zentimetern. Die Fugen sind mit Moos ausgefüllt.

Das neue Holz nimmt Bezug auf die Gefühle, die traditionelle Bohlen mit ihren Unvollkommenheiten, ihrer Patina und ihrer Materialität wecken. Die abwechselnd versetzt angeordneten Bretter bestehen aus massivem Lärchenholz in einer Stärke von 27 Millimetern; sie sind sägerau und naturbelassen. Gleiche Bretter wie für die Aussenverkleidung wurden auch für die Innverkleidung und die Zwischenwände verwendet.

Wie lassen sich der notwendige Komfort und die Nutzungsanforderungen für ein Elternpaar mit vier Kindern – inklusive optionaler Unterbringung der Grosseltern – auf eine möglichst einfache Art gewährleisten? Dieser Umbau liefert eine Antwort: Die Platte zwischen den Stockwerken besteht aus genageltem Holz ohne Schallschutzisolierung, ohne Füllschicht und ohne Verschleissschicht. Diese sind überflüssig, weil eine Familie beide Etagen bewohnt. Der Eingriff reduziert das Bauwerk auf sein schlichtestes Merkmal: ein schützendes Dach für die Bewohner.

Simplicity

We are not building a copy of the past here. It is possible to respect heritage while helping it evolve. Using local materials guarantees this continuity.

At a time when false vintage is invading the villages of the Canton of Valais, the renovation of this "mayen" makes wood the clear choice of material to protect the insulation. In excellent condition, the old part consists of magnificent timbers with a cross-section of between 50 and 60 cm, grouted with natural foam. It is left in the original state, bearing witness to the fact that it is possible to build using solid wood.

The new wood endeavours to reflect the emotion that the traditional timbers exude through their imperfections, their patina and their materiality. Laid in an alternating, staggered design, planks of solid, 27 mm thick larch, left in a natural, freshly-sawn state, bear a close resemblance to the original. Similar planks are used for internal surfaces and partition walls.

Why do we do things one way and not another? What is the necessary minimum to satisfy the conditions of comfort and use for a home designed for two parents and four children with the possibility of welcoming grandparents too?

This transformation provides an answer: the massive slab between the floors is made of nailed wood with no layer of sound insulation, screed or wear layers, which are unnecessary when a single family occupies both floors. This intervention reduces construction to its simplest expression, a roof for the inhabitants.

Ausführung / Construction:
2009–2011
Projekt und Realisierung / Project and implementation: Claude Matter
Hauptmitarbeit / Main collaboration: Raphael Dessimoz

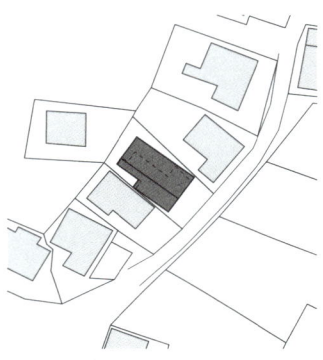

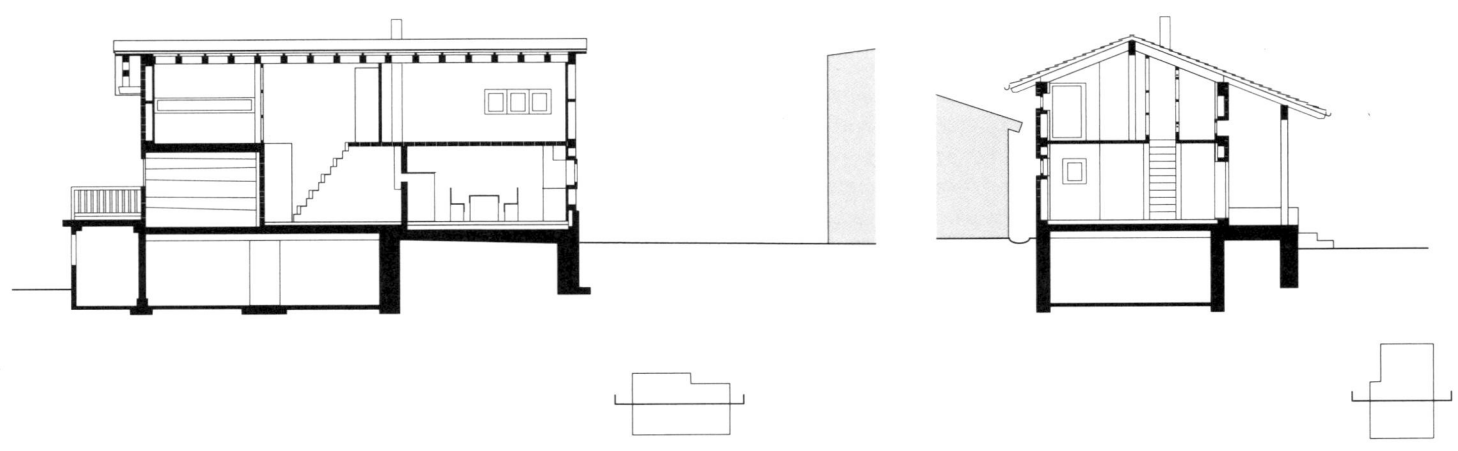

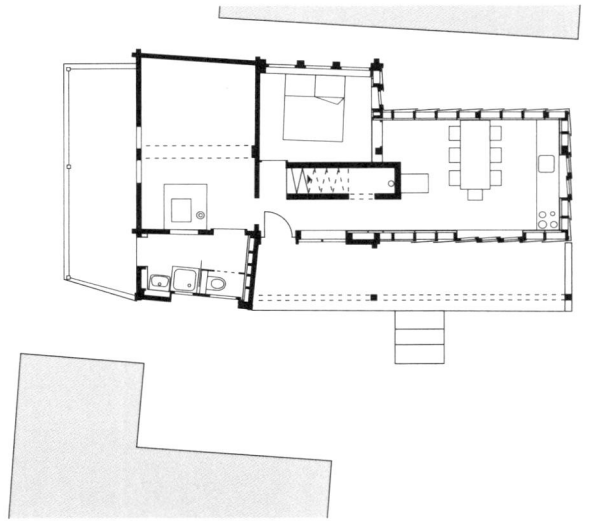

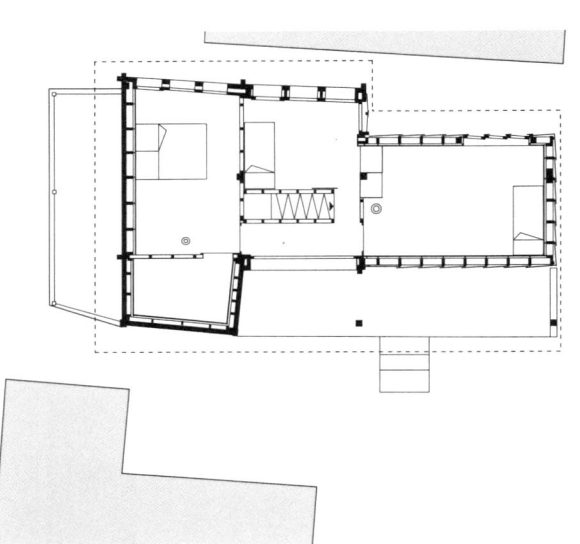

5 m

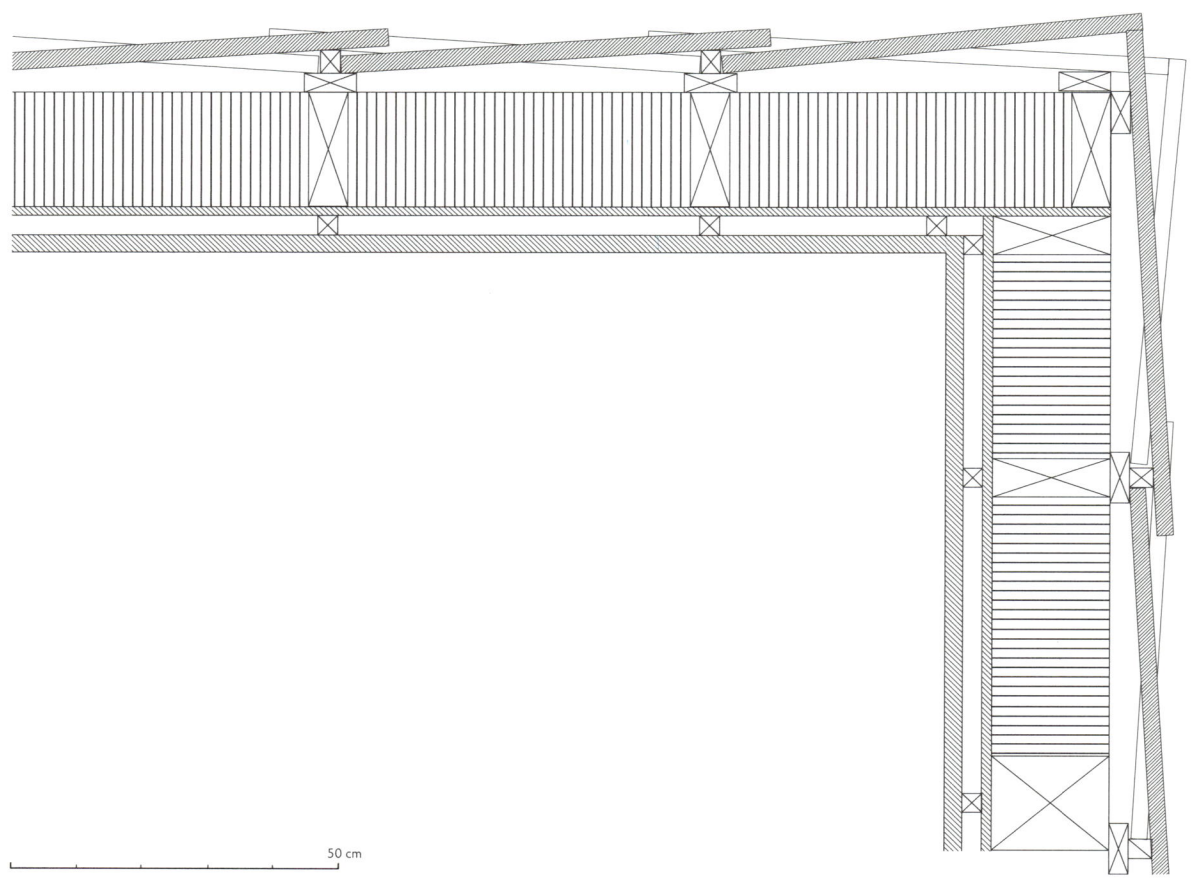

50 cm

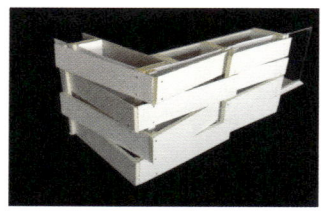
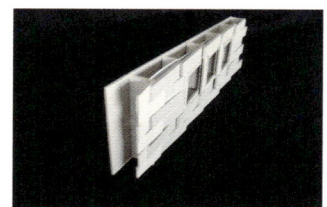

84

Renovation und Umnutzung Büro- und Laborräume, Lausanne

Renovation and conversion of offices and laboratories, Lausanne

Memories of the Fifties

Das Bestandsgebäude ist eine bemerkenswerte Leistung des Architekten Eugène Béboux aus den 1950er Jahren und hat die Besonderheit, dass es bis 2009 nie umgebaut wurde. Bauten aus jener Zeit sind noch zu jung, um unter Denkmalschutz gestellt zu werden. Sie sind daher immer noch gefährdet von tief greifenden Eingriffen oder können auch schlicht und einfach dem Abriss geweiht sein. Ein solches Gebäude als Zeugnis jener Epoche zu erhalten, ohne eine Entscheidung über die Denkmalwürdigkeit abzuwarten, verlangt Engagement.

Die Aussenfassade, die von einer bemerkenswerten architektonischen und tektonischen Qualität ist, wurde unverändert erhalten. Der Schutz beschränkt sich im Allgemeinen auf das äussere Erscheinungsbild, aber das Gebäudeinnere ist in der Frage des Erbes von ebenso grosser Bedeutung. Alle Elemente, die ihrer Funktion noch genügten, zum Beispiel die Fliesen, der Linoleumbelag und der Innenausbau, wurden erhalten und ausgebessert. Es gibt keinen Grund, Elemente auszutauschen, die immer noch die Nutzungsanforderungen erfüllen und dem Gebäude seine Seele geben. «Die effizienteste Methode, um ein Gebäude oder ein Objekt wiederzuverwerten, besteht darin, es mit minimalen Veränderungen so wie es ist, zu benutzen.»

Die Fähigkeit dieses Gebäudes, neuen Nutzungen und Normen mit einem Minimum an Mitteln und maximaler Effizienz zu genügen, veranlasste uns dazu, über unsere Art des Bauens für die Zukunft nachzudenken: die Schlichtheit des Gebäudes von Eugène Béboux, das sich auf wenige Materialien – Beton, Backstein, Holz – beschränkt und ein schlichtes Tragwerk aufweist, das die Lasten effizient abträgt, ist eine mögliche Antwort.

Es ist keineswegs sicher, dass wir mit unseren «Meisterleistungen» im Bereich der Statik und der Vielfalt an unterschiedlichen Materialien, über die wir heute verfügen, Gebäude schaffen, die über eine vergleichbare Anpassungsfähigkeit verfügen.

Sollten wir also Gebäude schaffen, die sich anpassen können? Oder auf eine leichtere, eher provisorische Art bauen, weil wir davon ausgehen müssen, dass die Verdichtung unserer Städte unweigerlich den Abriss unserer Gebäude bedingen wird?

Fifties memories

The building is a remarkable offering by the architect Eugène Béboux dating back to the 1950s and enjoys the particularity of never having been converted. The buildings from this period are too recent to have been granted protection. They are still vulnerable in the event of an invasive transformation or may even be destined for demolition, pure and simple. Preserving them as a testimony to the period without waiting for them to be listed was a committed decision.

Boasting a remarkable architectural and tectonic quality, the outer façade was maintained in its original state. The protection was generally limited to the external appearance, although interiors are equally important in terms of heritage. All the elements that still fulfil their role, such as tiles, linoleum and interior woodwork, were maintained and completed – why change elements that still fulfil their function and give the building its soul? "The most efficient means of recycling a building or an object is to use it as it is with minimum transformation."

The ability of this building to fulfil new functions and satisfy new standards with minimum resources and maximum efficiency drove us to think about our approach to building for the future: the simplicity achieved by Eugène Béboux by limiting his choice of materials to concrete, bricks and wood and ensuring reduced expense is one response.

In the light of modern-day structural exploits and the quantities of different materials available to us today, it is far from certain that the buildings we produce will have this capacity of adaptation.

Should we build adaptable structures or develop lighter, more transient buildings, assuming that urban densification will result in the demolition of our constructions?

Ausführung / Construction:
2009–2011
Projekt und Realisierung / Project and implementation: Claude Matter
Hauptmitarbeit / Main collaboration: Steven de Palézieux

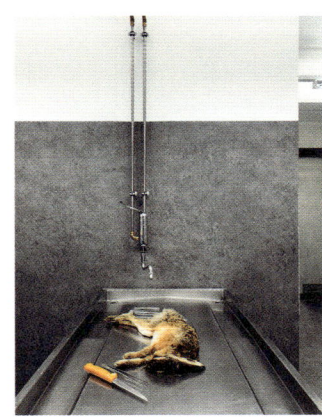

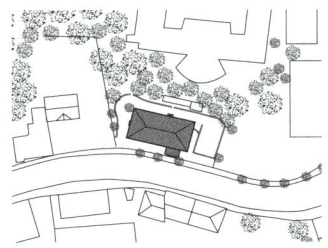

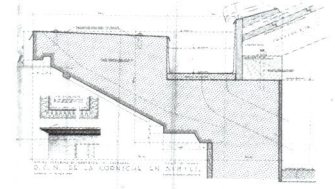

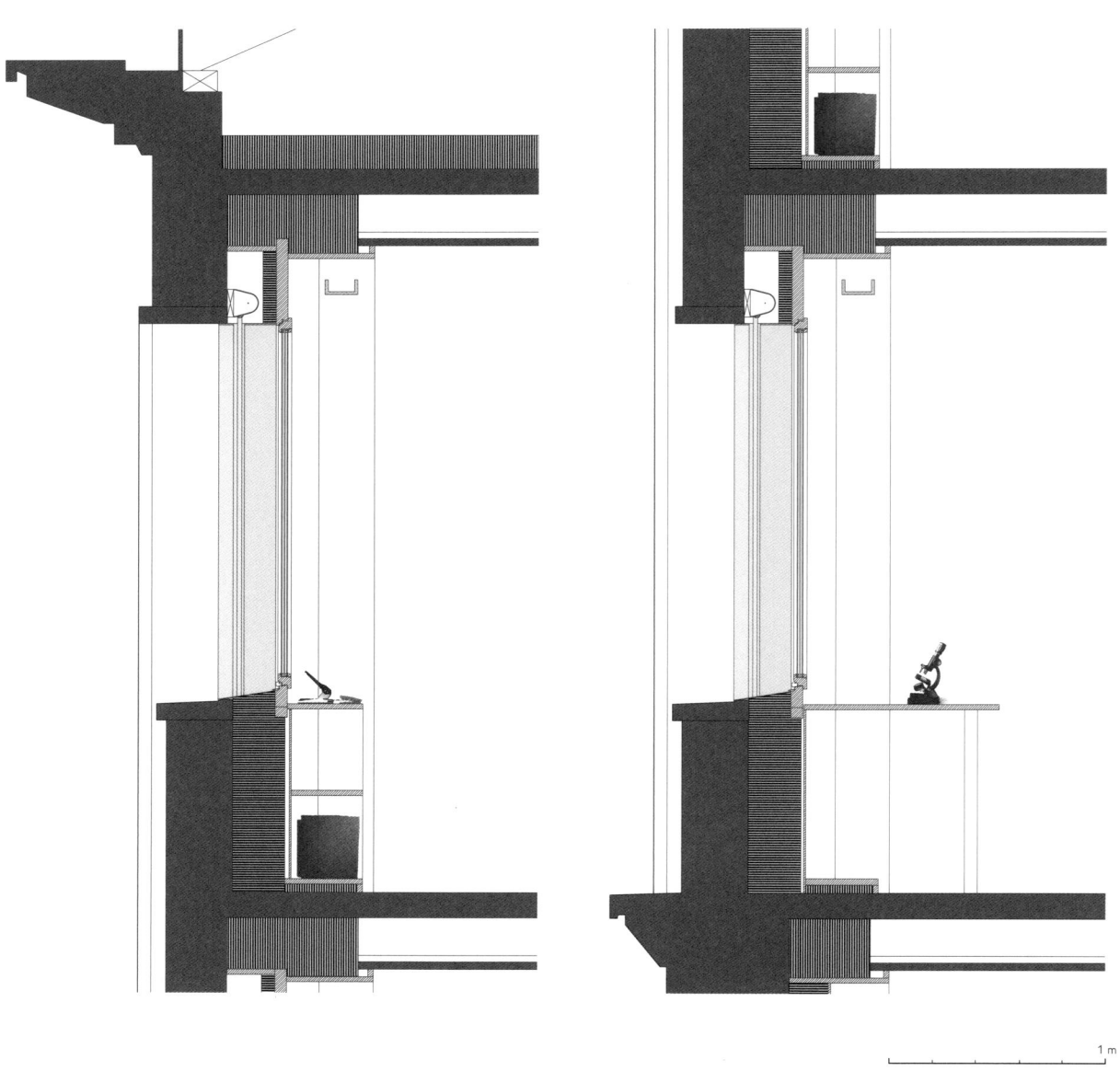

1 m

Umbau Bauernhaus, La Coudre

Conversion of a farmhouse, La Coudre

Neue Nutzung

Die Renovierung dieses Bauernhauses aus dem 18. Jahrhundert in der Nähe von l'Isle konzentrierte sich auf den Wohnbereich. Die Scheune wurde ohne Veränderungen restauriert. Der Wert dieses Hauses, das von den früheren Nutzern stark umgebaut wurde, verdankt sich seiner Lage und der Materialität, die bei der Renovierung wiederentdeckt wurde. Die Zimmeraufteilung blieb unverändert, da sie mit dem Wohnzweck vereinbar ist.

Die Feinheit des alten Kalkverputzes zu erreichen, der früher hätte erneuert werden können, ist heute weder unter technischen noch unter Kostengesichtspunkten realistisch. Der neue Kalkverputz ist aus Gründen der Dauerhaftigkeit dicker, und seine Ausführung direkt unter den Fensterrahmen und Fensterbrettern aus Naturstein verfeinert den Bewurf auf dem Stein. Zwischen dem Material des neuen Fussbodens und den Bruchsteinmauern vermittelt ein horizontaler Zementstreifen; darin eingebettet sind zudem die Stromleitungen.

Im Zuge des Umbaus wurde das Gebäude von den vorhergehenden Eingriffen befreit. Das betraf den Gips auf den Holzwänden, die schlecht gebaute Treppe, die minderwertig ausgeführten Fenster und den Zementbewurf. Das ermöglichte, eine Art Palimpsest zu schaffen, bei dem die alte Holzlattung unter dem Gipsverputz sichtbar blieb und die alte Holztäfelung erneuert wurde, während gleichzeitig unaufdringliche zeitgenössische Elemente wie die Zementleiste oder die Küche aus lackiertem Holz hinzugefügt wurden.

Die Schwierigkeit eines solchen Umbaus besteht in der Demut, die wie vor einem solchen Gebäude, das durch sich allein Geltung besitzt, haben müssen.

Re-use

The renovation of this 18th-century farm near l'Isle focused on the living quarters. The barn was restored to its original state. Having undergone numerous transformations at the hands of previous owners, the value of this farm lies in its situation and renewed materiality following renovation. The distribution of the rooms remained unchanged as it was compatible with a modern lifestyle.

The fine old lime pargeting that the craftsmen of the past were capable of reproducing was not a realistic option, either in technical or financial terms. New lime pargeting is thicker to ensure its sustainability while the natural stone finishing around the door frames and window boards was achieved by refining the pargeting in line with the stone. Inside, in order to adjust the joins between the new floor and the rubble stone walls, a horizontal cement baseboard ensures the transition between the two materials, while also incorporating the electrical distribution.

During this transformation, previous interventions were removed, including plaster on wooden walls, an uneven staircase, badly crafted windows and cement pargeting. This created a sort of palimpsest, leaving some of the wooden laths visible to which the plaster was attached and renovating old joinery while adding discreet contemporary elements such as the cement baseboard and the painted wooden kitchen.

The difficulty with this type of transformation lies in the humility we must show towards a building that already asserts itself without any help from us.

Ausführung / Construction:
2010–2013
Projekt und Realisierung / Project and implementation: Claude Matter
Hauptmitarbeit / Main collaboration: Cécile Fehlman Weber

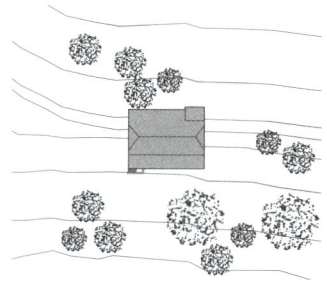

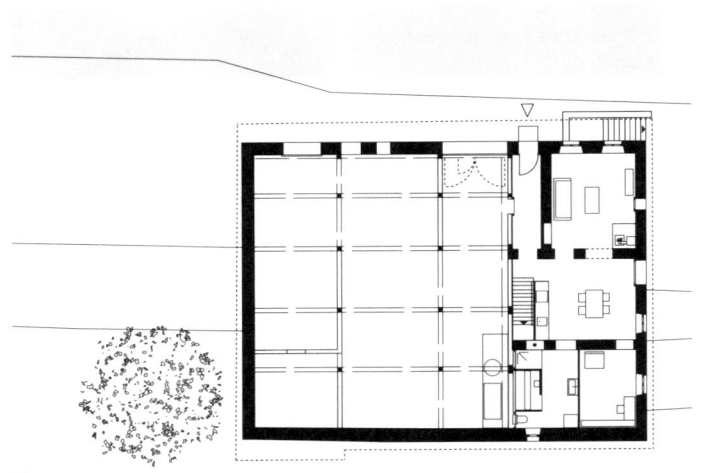

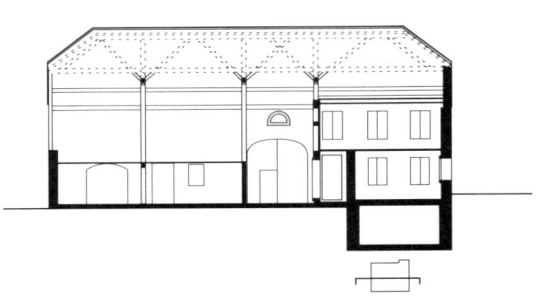

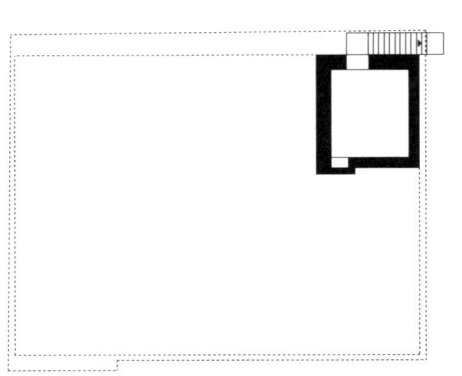

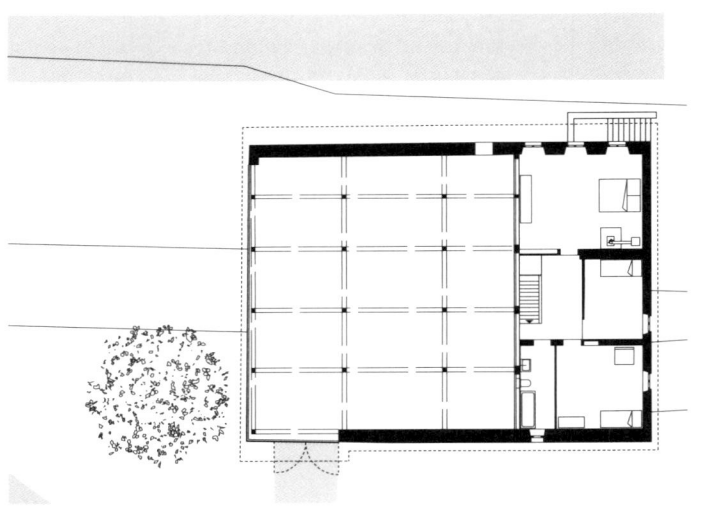

10 m

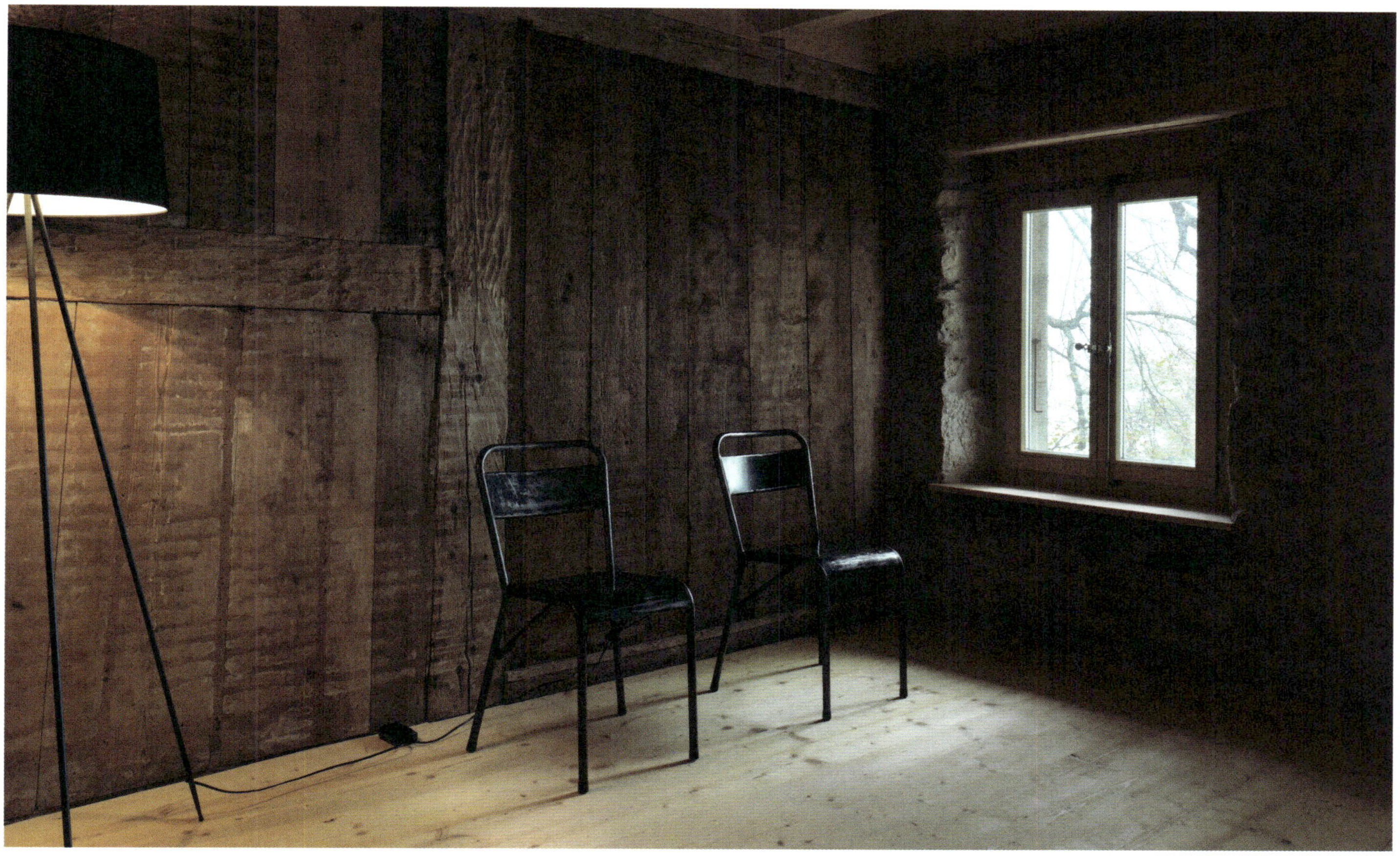

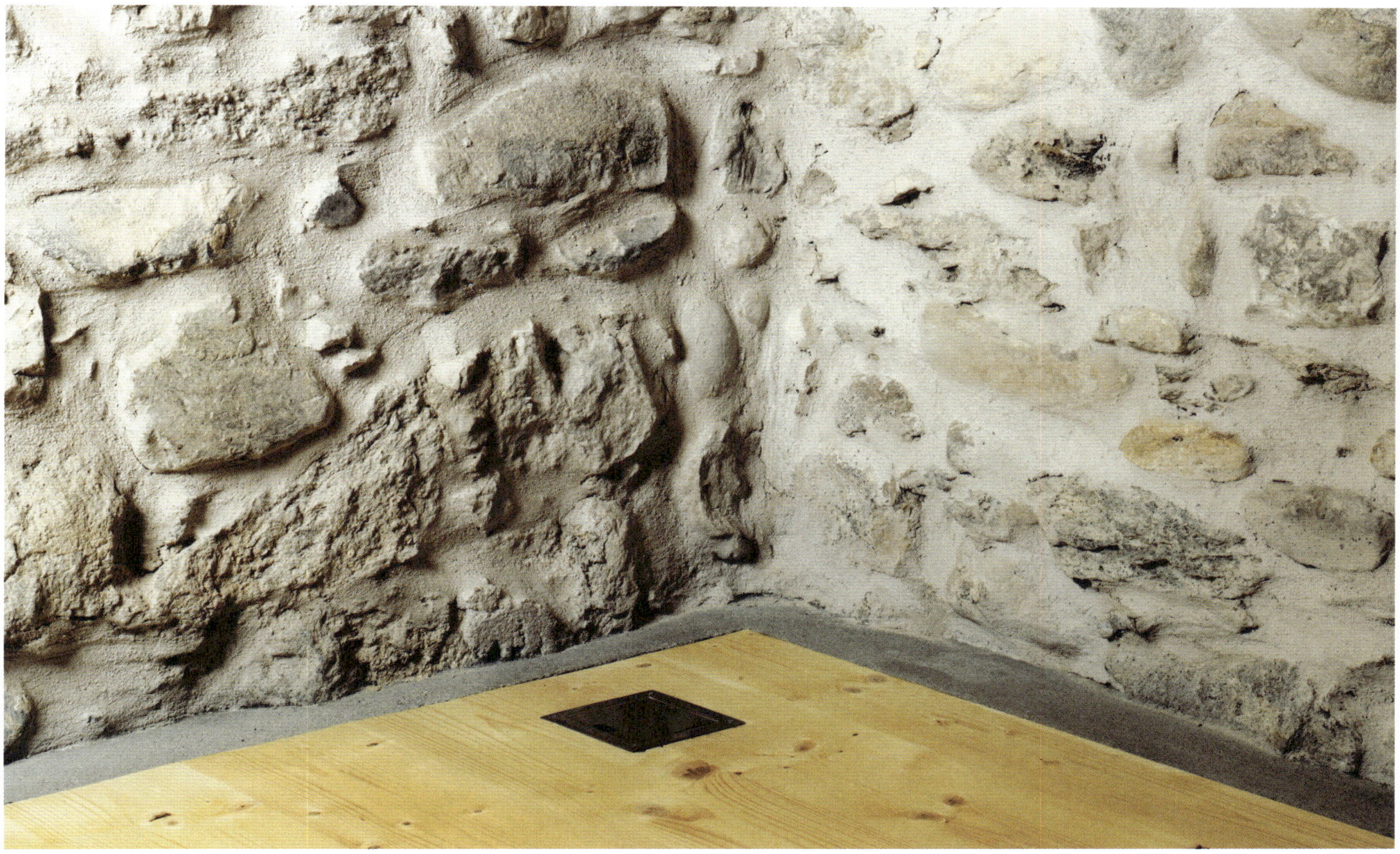

Einfamilienhaus, Villette, Bourg-en-Lavaux

Single family home, Villette, Bourg-en-Lavaux

Das Schiff

Dieses Projekt befand sich in einer komplizierten Lage: Die Parzelle war bereits mit einem frei stehenden Wohnhaus aus den 1940er Jahren bebaut und befindet sich zwischen der Kantonsstrasse und dem Genfersee. Hier ein Anschlussgebäude zu errichten, war eine schwierige Aufgabe. Um Einheitlichkeit zwischen den beiden Volumina zu erreichen, greift das neue Gebäude die Materialwahl des bestehenden auf. Alles ist wie beim alten Gebäude mit Ziegeln oder Verputz verkleidet, entsprechend der Lage des neuen Volumens.

Das Innere kündet von der Begeisterung des Eigentümers für Schiffe. Eine Konstruktion aus Massivholzbrettern, die an einen umgedrehten Schiffsrumpf gemahnt, unterteilt den Raum unter dem Dach. Die unverkleideten und unter dem First schwarz gestrichenen Installationen erinnern an das Bitumen, mit dem Schiffsrümpfe unten gegen das Wasser verpicht werden. Die Küche verstärkt die Schiffsassoziation: Sie erscheint mit der Heizung, dem Herd mit Holzfeuerung und den Abzugskanälen wie ein Maschinenraum.

Wie kann sich das Gebäude zur Landschaft öffnen? Jede Etage verlangte eine eigene Antwort: In der untersten Etage ermöglicht die Fensterfront das Hinaustreten in den Garten; die Fenster entsprechen in ihrer Massstäblichkeit dem Esszimmer. Bei den Schlafzimmern in der mittleren Etage waren wegen des Sicherheitsgefühls eine Brüstung und zum Zweck der Belüftung eine Aufteilung der Fenster geboten. Im Raum unter dem Dach gibt es zwei verschiedene Lösungen: Vom Wohnzimmer aus öffnen vier Flügel den Blick auf die Landschaft, die in ihrem Massstab dem Innenraum entsprechen. Weiter vorn, in der Loggia, präsentiert sich das Panorama frei von jeder Einschränkung. Der Blick geht direkt auf den riesigen See.

Durch die verschiedenen Arten, sich zur Uferlandschaft zu öffnen, beantwortet dieses Gebäude auf mannigfache Weise die Frage, wie wir uns von einem Innenraum, der zugleich behaglich sein soll, auf die äussere Landschaft beziehen können.

A passion for boats

The situation of this project was complex. The land was already occupied by a single home dating back to the 1940s and was situated between the cantonal road and Lake Geneva.

Building onto the existing structure was a difficult task. To create an impression of unity between the two areas, the new entity recalls the materiality of the existing one. The outer shell is also the same with tiles and pargeting predominating, depending on the situation of the new construction.

The interior reflects the owner's passion for boats. A structure consisting of solid wooden laths divides the area under the roof, making it reminiscent of an upturned hull. The technical equipment, left visible and painted black under the ridge, recalls the protective bitumen applied at the base of boat hulls to protect them against water. The kitchen consolidates this feeling, reminding us of a machine containing the heating system, the wood-burning cooker and the chimney flues.

What vistas are open to such a landscape? Each floor has its own response. On the ground floor, the partitioning of the windows satisfies the need for access to the garden and ensures that the windows are scaled in relation to the dining room.

On the middle floor where the bedrooms are located, a parapet is required to ensure a feeling of safety while ventilation requirements split the windows. The area under the roof offers two perspectives: from inside the living room, four diptychs split the landscape and are scaled in harmony with the interior. Further forward, the loggia enjoys a clear view over the surrounding countryside and plunges the user into the immensity of the lake. Through these different perspectives of the lakeside setting, this house questions our relationship with the countryside from an interior that must also be domestic.

Ausführung / Construction:
2011–2015
Projekt und Realisierung / Project and implementation: Claude Matter
Hauptmitarbeit / Main collaboration: Diego Carion
Landschaftsarchitektur / Landscape architecture: Cécile Presset, Lausanne

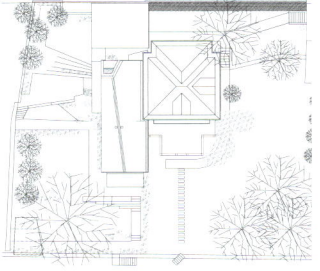

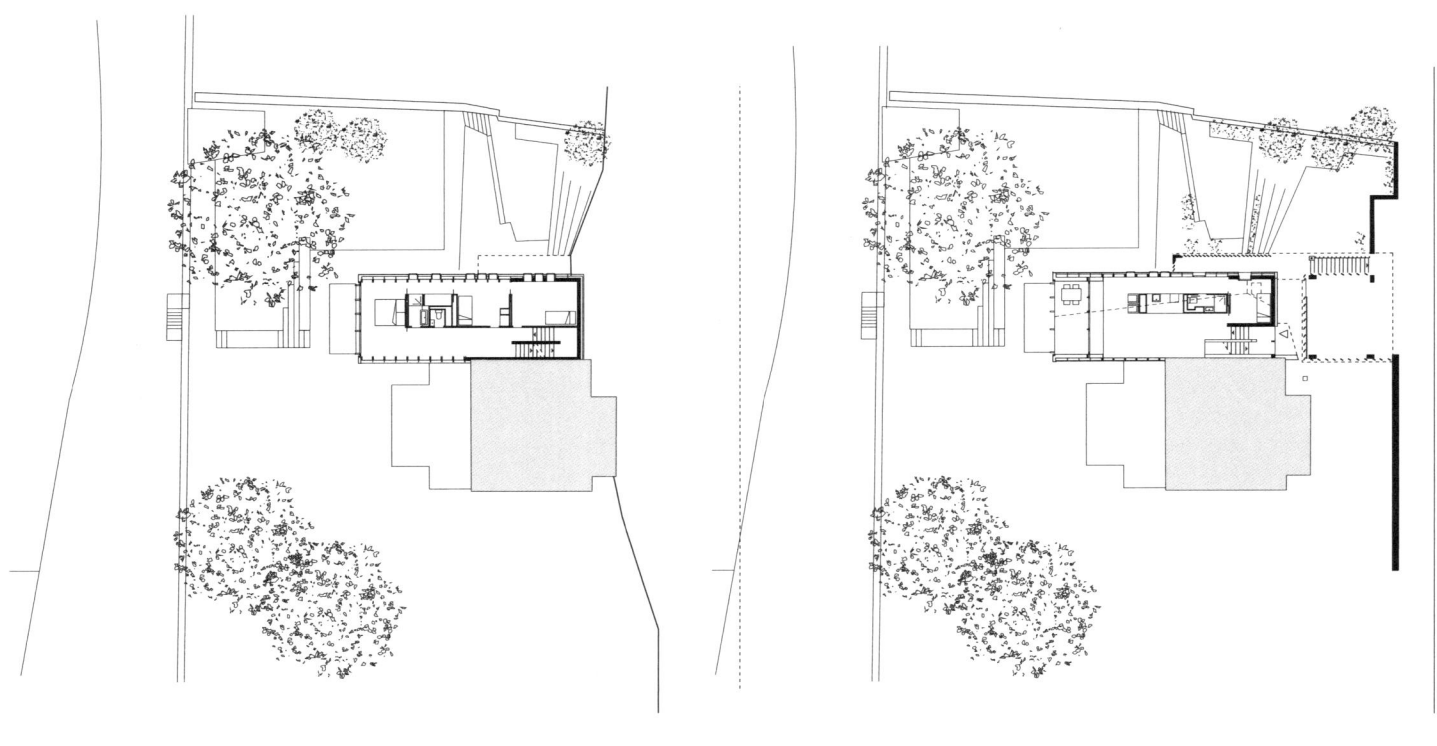

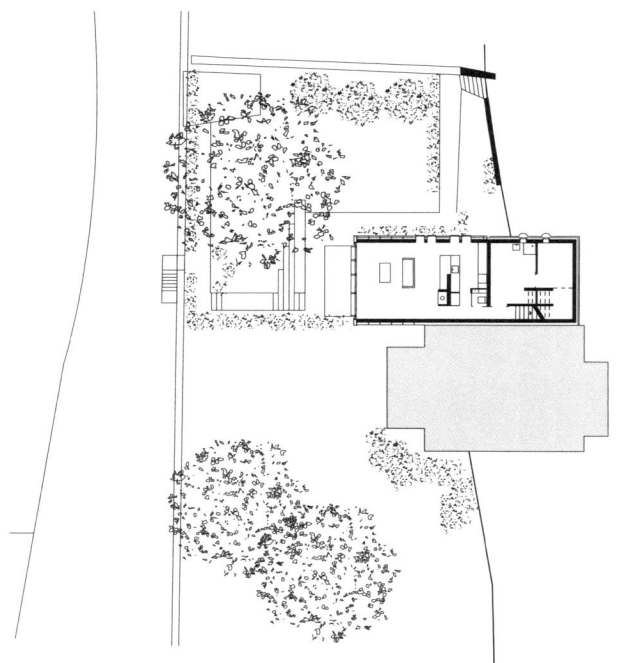

10 m

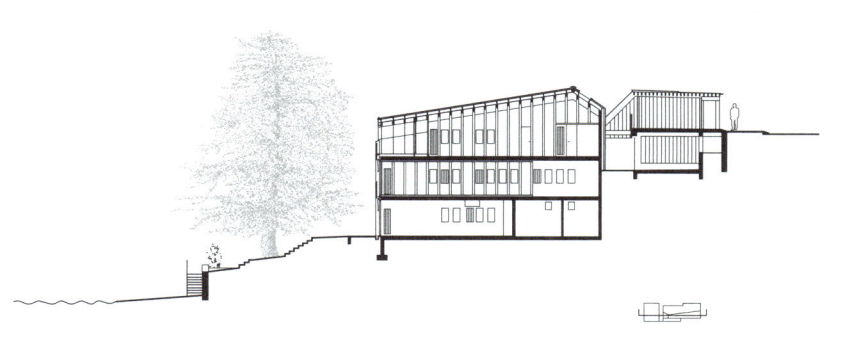

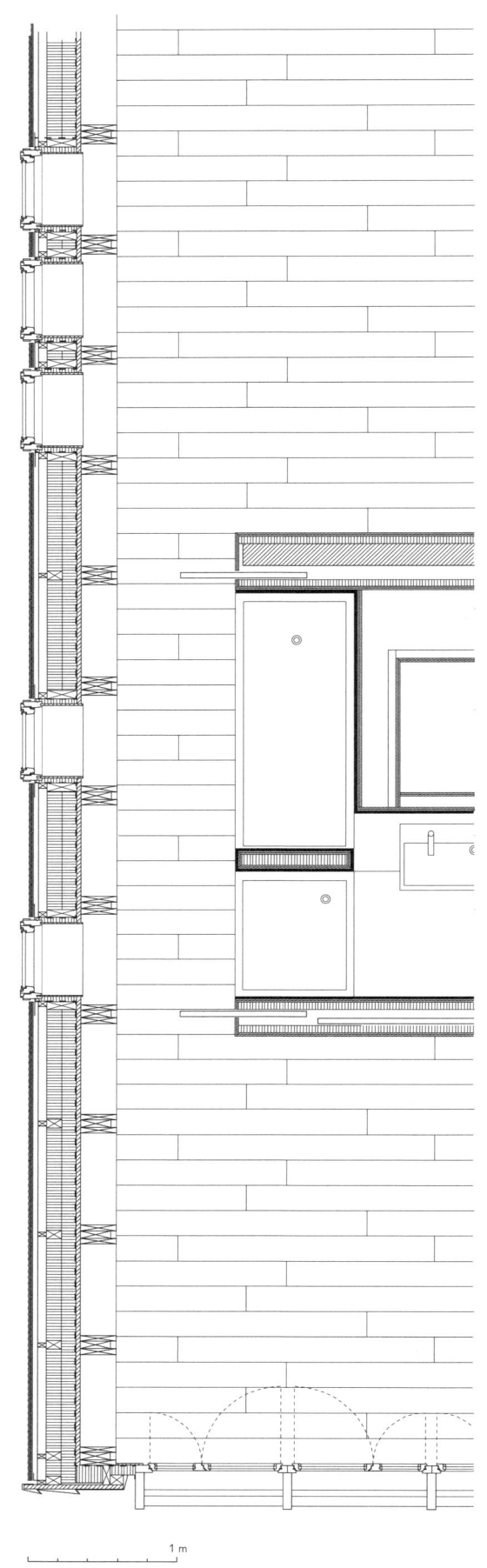

1 m

Transformation der ehemaligen Poliklinik, Lausanne

Conversion of a former polyclinic, Lausanne

Respekt

Das Gebäude der Alten Poliklinik wurde von 1899 bis 1904 von John Gros erbaut. Das Gelände ist mit dem Champ de l'air, dem Standort des Universitätsspitals von Lausanne (CHUV) verbunden.

Der Umbau richtete sich auf zwei Hauptaspekte: die Renovierung der Aussenfassaden und die Anpassung an die geltenden technischen Normen und die Bestimmungen zur Wärmedämmung. Darüber hinaus musste das Programm einer Schule für Gesundheitspflege untergebracht werden.

Die wenigen zur Verfügung stehenden finanziellen Mittel führten uns zu dem Konzept, die Eingriffe «in Etappen» zu realisieren, das es ermöglicht, das Gebäude in naher oder fernerer Zukunft zu verbessern, ohne das bereits Erneuerte wieder zu zerstören. Jeder Eingriff ist auf Dauer berechnet – was heute nicht gemacht wird, kann morgen realisiert werden.

Die Entfernung der Zwischendecken und der Trennwände in den Fluren legte die ursprüngliche Raumgestalt frei. Die Renovierung des Inneren gibt dem Gebäude seinen alten Glanz zurück und bringt seine charakteristischen Elemente zur Geltung, zum Beispiel die eindrucksvolle Geschosshöhe, das zum Terrazzo des Fussbodens passende Erscheinungsbild der Flure, die Schwenktüren aus fein bearbeitetem Holz oder die nach dem «System Hennebique» konstruierten Bodenplatten.

Der Einsatz von nüchternen Farben, von Linoleumböden, deren grosse Flächen durch Linien, die an die Aufteilung der ursprünglichen Terrazzoböden erinnern, aufgeteilt sind, die schweren Wollvorhänge und die grossen, zeitgenössischen Kronleuchter, die im Massstab zu den freigelegten Decken passen, sind alles Elemente, die dem Geist der Ortes, der Architektur der Wende zum 20. Jahrhundert, entsprechen.

Die Sanierung dieses mehr als hundert Jahre alten Gebäudes belegt, dass alle Gebäude, deren Konstruktion präzise und schlicht ist, sich über die Zeit behaupten können, weil sie die Fähigkeit besitzen, unterschiedliche Programme aufzunehmen. Dies sollten wir für die Architektur der Zukunft beherzigen.

Respect

The former polyclinic building was built by John Gros between 1899 and 1904. The site connects to the site of the teaching hospital "Champ de l'air". The transformation dealt with two main aspects: the renovation of the external façades and compliance with the technical and thermal standards, while incorporating a medical school programme.

The limited financial resources enabled us to develop a concept of "step-by-step" interventions so that the building can be improved in the near or more distant future without destroying what has already been achieved. Each intervention is lasting and what cannot be done today can be done tomorrow.

Removing the suspended ceilings in the rooms and the partition walls in the corridors revealed the original spatial perceptions. The interior renovation returned the building to its former glory while highlighting its characteristic elements such as the high ceilings, the single-stretch corridor with terrazzo floor, the landing doors in crafted wood and the slabs built using the Hennebique system.

The use of dark colours, large linoleum floors divided into fields by lines reflecting the original terrazzo floors, heavy wool curtains and large contemporary chandeliers scaled to the size of the bare ceilings serves to consolidate the spirit of the place: turn-of-the-century architecture.

The renovation of this building dating back more than a hundred years illustrates that any building with a simple and precise structure can be maintained over time through its ability to absorb different projects. There are lessons to be learned from this for the architecture of the future.

Ausführung / Construction:
2011–2014
Projekt und Realisierung / Project and implementation: Claude Matter
Hauptmitarbeit / Main collaboration: Steven de Palézieux

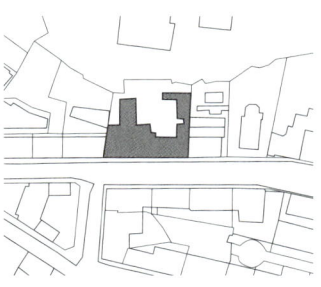

Kunst:

Der künstlerische Wettbewerb wurde weit vor den Bauarbeiten durchgeführt, um ein Werk zu erhalten, das eine Symbiose mit dem Gebäude eingeht. Siegerin war die Künstlerin Renate Buser. Der vorgeschriebene Ort war das neue Treppenhaus. Dieser Ort wurde gewählt, um dieses neue Treppenhaus nicht auf die Rolle eines utilitaristischen Elements zu beschränken, sondern es durch einen starken künstlerischen Akzent, der ein Gegengewicht zu dem bestehenden imposanten Treppenhaus bildet, zu einem vollwertigen Ort zu machen. Das Werk spielt mit unserer visuellen Wahrnehmung; durch die illusionistische Wirkung werden wir in die nahe Vergangenheit des Gebäudes zurückversetzt.

Work of art:

The artistic competition was held well in advnace of the construction work in order to develop a work in symbiosis with the building. It was won by the artist Renate Buser. The stipulated site was the new stairwell, chosen to prevent it from being limited to a purely functional role and make it a place in its own right, echoing the existing stairwell – noticeable by its scale – through its strong artistic dimension.

The work plays with our visual perception and loses us in a *trompe l'oeil*, taking us back to the building's recent past.

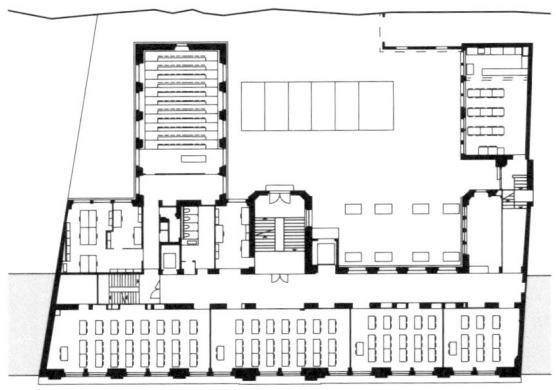

1. Obergeschoss / 1st floor

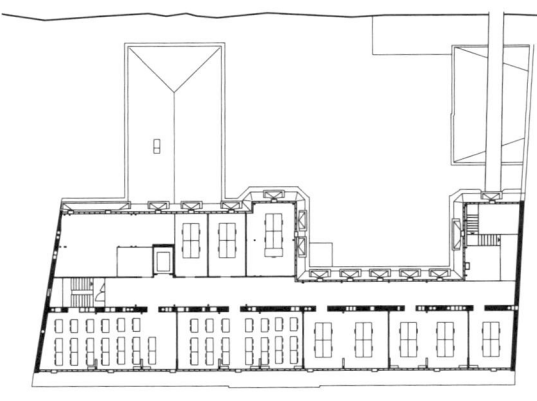

Dachgeschoss / Attic

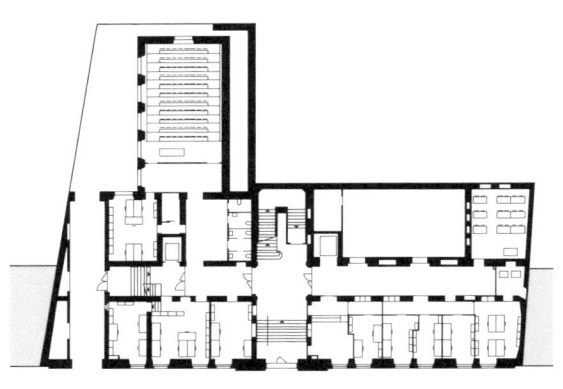

Erdgeschoss / Ground floor

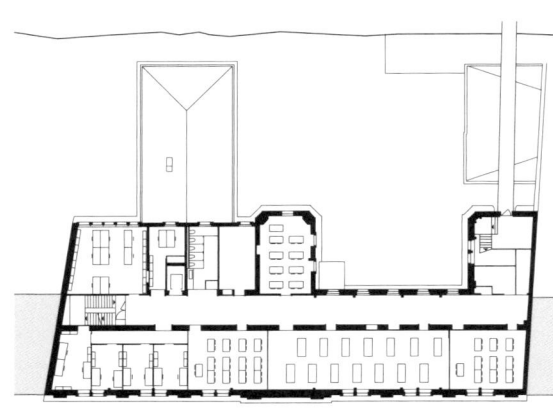

4. Obergeschoss / 4th floor

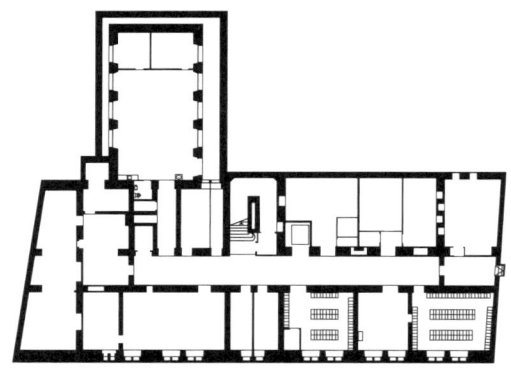

Untergeschoss / Basement

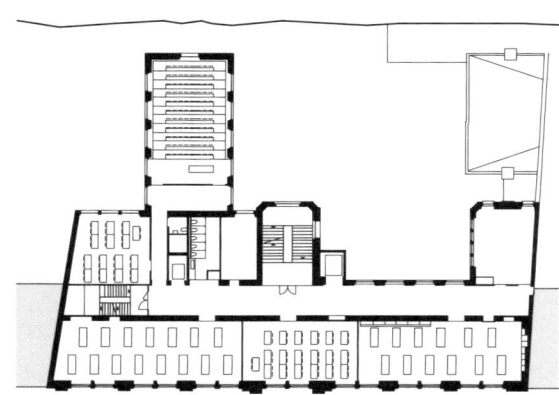

3. Obergeschoss / 3rd floor

20 m

102

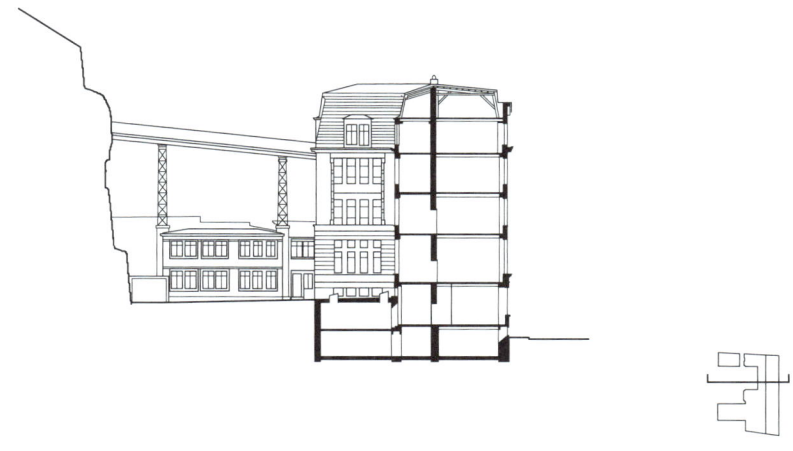

Einbau Hörsäle, Biologische und Medizinische Fakultät der Universität Lausanne

Lecture theatre for the Faculty of Biology and Medicine, University of Lausanne

Variationen in Beton

Das Projekt ist auf dem Hof der Alten Poliklinik angesiedelt, deren Umbau die erste Etappe darstellte. An diesem mineralischen Ort müssen auch die Hörsäle mineralisch sein, wie eine Grotte, eine Kaverne. So finden wir hier wellenförmigen Beton, geneigte Mauern, als müssten sie das Gewicht der Erde, aber auch der Schallwellen tragen – glatter, gesandeter Beton; Beton in Trapezform, der von links nach rechts, von rechts nach links stärker bearbeitet ist, nackter, geglätteter, klarer, gefärbter, orgelnder Beton, Deckenplatten, durchsetzt mit Konservendosen.

Raumakustik für einen Hörsaal
(André Lappert, Architecture du Silence, Akustiker)

So, wie die Architektur eine angewandte Kunst ist, die auf der Realisierung von Gebäuden aus einem bestimmten Grund oder einem bestimmten (zweckhaften, funktionalen oder kulturellen) Bedürfnis beruht, so ist die architektonische Kunst eine angewandte Kunst, die dem richtigen Ton dient, der sich nur in der Reichweite der Stille offenbart. Claude Matter, die Projektarchitektin, wählte die Architektur der Stille, um die Geometrie ihrer Höhlen zu gestalten und sie so fein abzustimmen, dass das Geräusch der Stimmen auf eine Art weitergetragen und moduliert wird, dass es seinen ursprünglichen Klang auf dem gesamten Weg zu allen Enden und bis in die Tiefe des Hörsaals bewahrt. Die Tatsache, dass das geometrische Prinzip, das beim Beton der «Höhle» des Centre hospitalier universitaire vaudois (CHUV) angewandt wurde, nicht im wissenschaftlichen Erbe der Akustik verzeichnet ist, resultiert aus dem Umstand, dass die akustische Forschung nicht auf die Addition vieler unbekannter Grössen aufbauen kann, die mit einer mineralischen Oberfläche verbunden sind und die jede Orthogonalität der Faktoren ausschliessen, die für die Ausbreitung des Klangs in einem geschlossenen Raum gelten.

Variations in concrete

The project was located under the courtyard of the former polyclinic, the transformation of which formed the first stage of the project.

At this mineral site, we had a duty to make the auditoriums themselves – mineral, rather like a cave or cavern. Waves of concrete, sloping walls as if they were supporting the weight of the earth as well as the sound waves; smooth, sanded concrete; concrete on a trapeze, then hammered from left to right and right to left; raw, sanded, smooth, clean, painted, great pipes, slabs verrollées with tin cans.

Architectural acoustics calibrated along the needs of an academic audience
(André Lappert, Architecture du Silence, acoustician)

Just as architecture is an applied art based on the realisation of structures serving a cause or need (be it utilitarian, functional or cultural), architectural acoustics are an applied art serving genuine sound, which can only be revealed within a range of stillness.

The project's architect, Claude Matter, chose the architecture of stillness to model the geometry of her caves, calibrating it along a logic likely to manage and modulate the sound of voices, so as to maintain the original savour as it travels, in length and width, over the full depth of the lecture theatre. The fact that the geometrical principle employed for the concrete of the Centre hospitalier universitaire vaudois (CHUV) cave has not been registered by the scientific heritage of acoustics results from the circumstance that research in acoustics can hardly bank on the sum of multiple unknowns related to a mineral envelope, which excludes any orthogonality of the factors determining the propagation of sound in an enclosed environment.

Ausführung / Construction:
2011–2017
Projekt / Project: Claude Matter
Realisierung / Implementation:
Olivier Galletti
Hauptmitarbeit / Main collaboration:
Christelle Brot

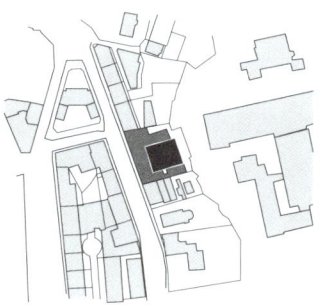

107

Aus der Sichtweise der Akustik ist das «Höhlenprojekt» für diese Hörsäle ein Euphemismus, und es war die Aufgabe des Akustikers, das Projekt auf das griechische Wort phemi (ich spreche ... glücklicherweise gut) abzustimmen – so wie Eupalinos, Nachfahre der Sumerer und Freund von Phädra und Sokrates, seine Gebäude zum Singen brachte. Die griechischen Architekten waren Meister in der Kunst der Redeakustik. Wie im Fall des Eupalinos war es nötig, sich dem Bereich des Möglichen anheimzugeben, um die passende geometrische Formel (Kurven, Ausbuchtungen, Diagonalen) zu finden, um den Raum angemessen zu konditionieren. Die Verwirklichung eines Raums der «Stille» (das Zauberwort des Akustikers) bringt den Hörer dazu, seine Hemmungen und Anliegen zu vergessen, um die Informationen, die er noch verdauen und zu Wissen verarbeiten muss, besser aufnehmen – das heisst hören und vernehmen – zu können. Auch wenn das Geräusch der «Höhle» auf der Grundlage der etablierten wissenschaftlichen Prinzipen widersprüchlich zu sein scheint, wird diese mineralische Hülle sicherlich ausreifen und zu einer für Auge und Ohr gleichermassen angenehmen Frucht einer auf den Hörsaal angewandten Forschung werden und den Forderungen eines Sprechers genügen, der weiss, dass er «glücklicherweise gut» gehört wird, weil sein Lehren den Stempel der Weisheit trägt, die die Studenten als Mehrwert aus dem akademischen Diskurs ziehen.

From the perspective of acoustics, referring to these lecture theatres as a "cave" project appears as a euphemism and it fell to the acoustician to match the project with the Greek term "phemi" (I am speaking ... fortunately well), just as Eupalinos, a descendent of the Sumerians and friend of Phaedra and Socrates, made his buildings sing. The Greek architects were masters in the discipline of speech acoustics. And, as was the case for Eupalinos, it was indeed necessary to embrace the realm of probabilities, in order to discover the fitting geometrical formula (curves, bays, diagonals) likely to condition the space. The achievement of a space of "stillness" (the acoustician's magic word) leads the listener to put away reserves and concerns and to better "digest" (hear and process) the knowledge imparted, which is yet to be assimilated and transformed into understanding. Even if the so-called noise of the "cave" appears equivocal on the basis of established scientific principles, this mineral envelope will doubtlessly ripen and become the fruit, equally pleasant to the ear and the eye, yielded by a research applied to the needs of an audience and responding to the demands of a speaker aware of being "fortunately well" heard, as the teaching dispensed acquires the imprint of wisdom, which is received by the students as added value to the academic discourse.

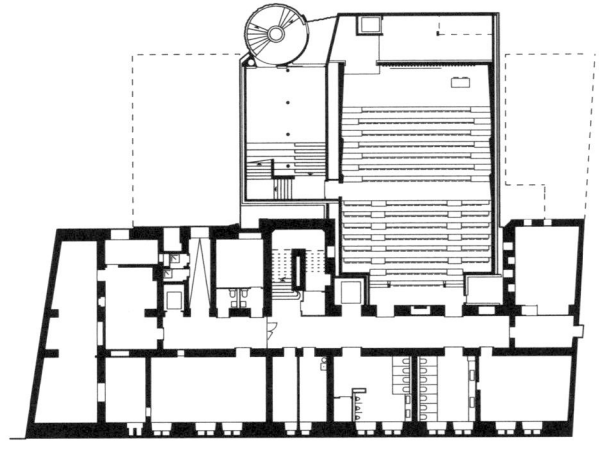

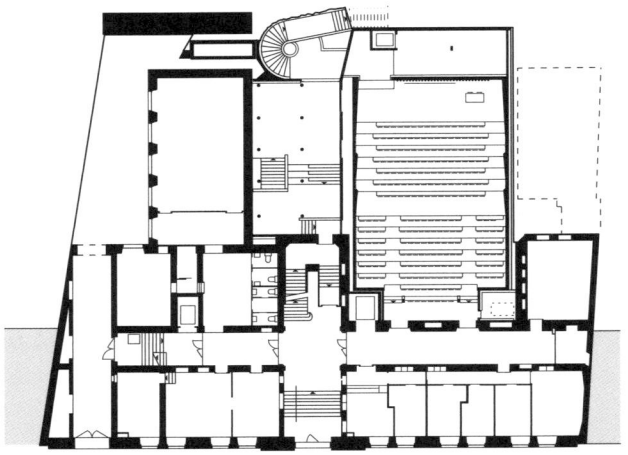

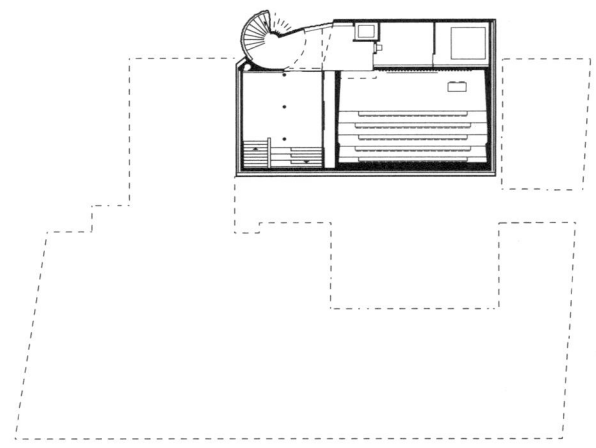

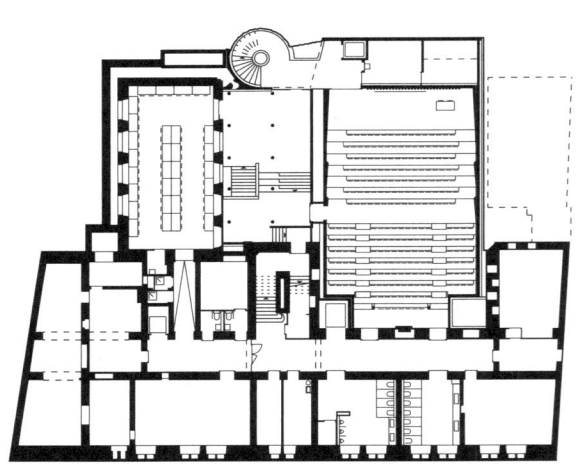

10 m

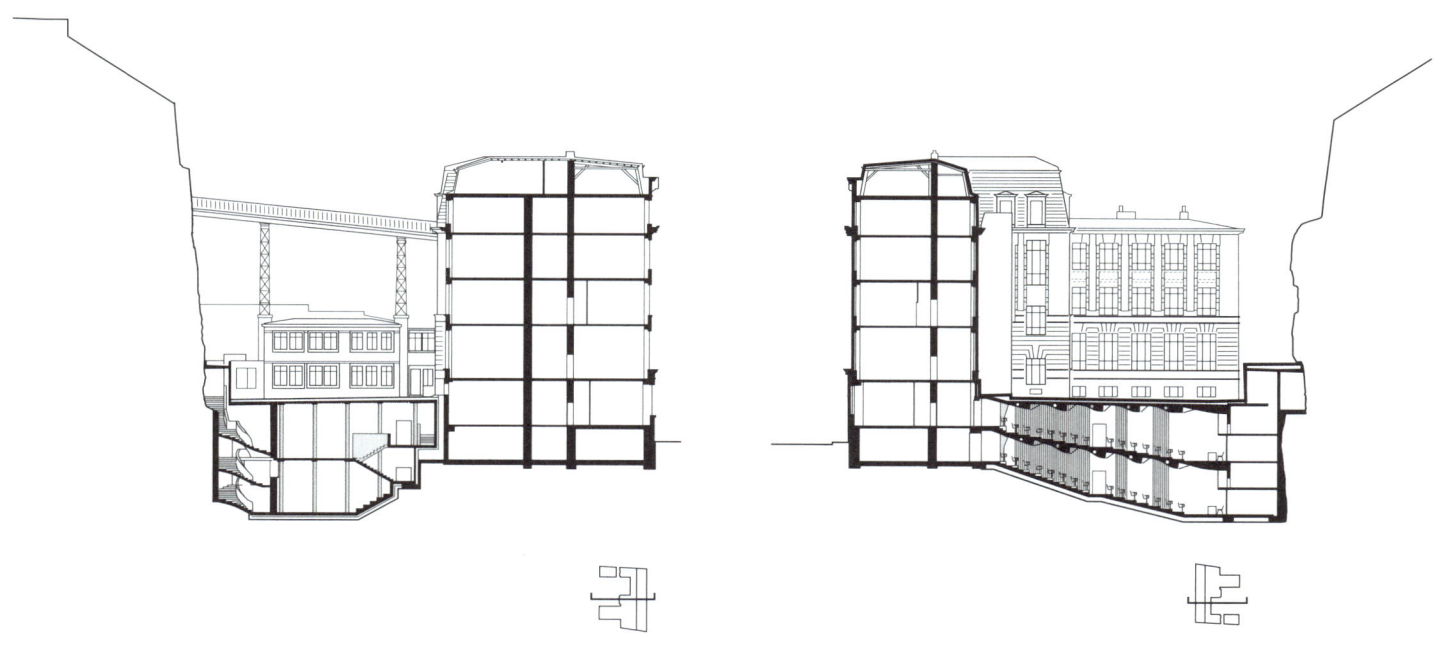

Einfamilienhaus, Saillon

Single family home, Saillon

Der Geist des Ortes

Die Parzelle, auf der dieses Einfamilienhaus errichtet werden sollte, war die letzte in einem an einen Kanal grenzenden Viertel innerhalb der Überschwemmungszone. Sie bietet einen Blick auf den Hügel mit dem mittelalterlichen Städtchen Saillon. Zu diesem Kontext kamen weitere einschränkende Bedingungen hinzu: die vorherrschende Windrichtung, der Zugang, die freie Sicht in die Ferne und die Nähe zu vorhandenen und künftigen Nachbargebäuden. Diese Parameter bestimmten das architektonische Konzept.

Zum Schutz gegen die Überschwemmungen steht das Gebäude auf Pfählen. Das Volumen ist durch einen Patio, den Eingangsbereich und eine Loggia aufgebrochen. Das Holz im Innenhof und in der Sockelzone, die verputzten Fassaden und das Satteldach nehmen die Materialwahl des mittelalterlichen Städtchens auf. Der Patio sorgt für Privatsphäre und bietet Schutz vor Wind und Sonne. Fensterläden, die sich nicht von der Fassade des Patios abheben, regeln die Ausblicke und den Grad der Sonneneinstrahlung in den Wohnzimmern. Ein zentraler vertikaler Erschliessungskern erstreckt sich vom Parterre bis unter das Dach. Der gestockte Beton erinnert einmal mehr an die Gebäude des Städtchens.

Bei diesem Projekt wurden Elemente der vernakulären Architektur aufgegriffen, die sowohl den Innen- als auch den Aussenräumen ihre Eigenarten verleihen. Das Mauerwerk, die Fensterläden und das Satteldach sind hier keine Neuheiten. Dennoch unterscheidet sich das Gebäude durch die Art, wie es mit den spezifischen Anforderungen des Ortes, der Nutzung und unserer Zeit umgeht.

The spirit of the place

The plot of land on which the family house was to be built was the last plot in a neighbourhood standing alongside a canal, a zone subject to flooding and offering views over the medieval hillside village of Saillon. This situation was compounded by other constraints including the direction of the prevailing winds, access, clear views into the distance and the proximity of the existing and future buildings. All these elements underpinned the architectural concept.

The house is built on stilts protecting it from flooding and is inset with a patio, entrance and loggia. The wood of the hollowed elements, the pargeting façades and the classic gable roof mirror the materiality of the medieval village. The patio serves to ensure privacy while protecting against the wind and sun. Shutters reflecting the façade of the patio vary the perspectives and the quantity of the light filtering into the rooms. Inside, the central vertical distribution unit stretches from the floor to the ridge. It is materialised in concrete bush-hammered concrete in reference to the buildings in the village.

With this construction, the vernacular architectural elements have been revisited and emphasise the quality of both the interior and exterior spaces. The masonry, shutters and classic gable roof are thus not new here. This project nevertheless distinguishes itself through its specific response to a location, usage and time.

Ausführung / Construction:
2012–2014
Projekt und Realisierung / Project and implementation: Claude Matter
Hauptmitarbeit / Main collaboration: Christelle Brot
Bauleitung / Construction management: Galletti Matter
Technische Bauleitung / Construction engineer:
Pascal Panchaud, Saillon

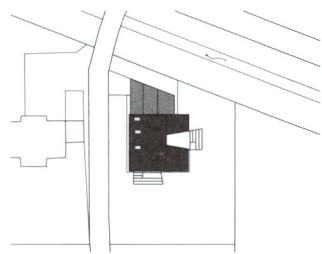

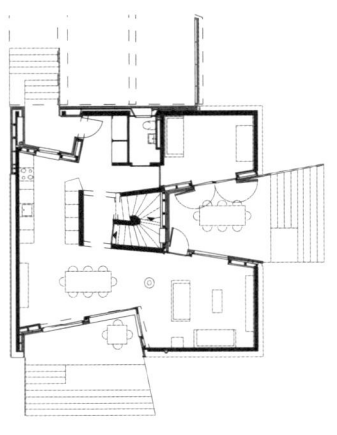

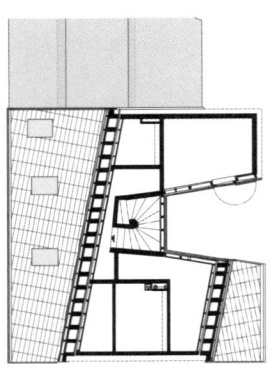

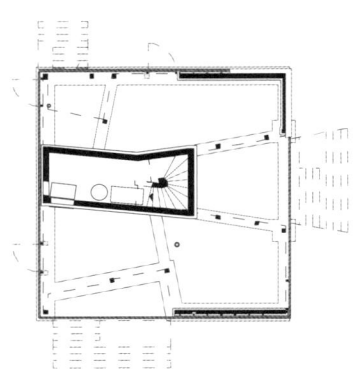

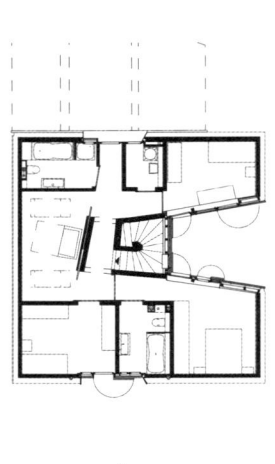

5 m

114

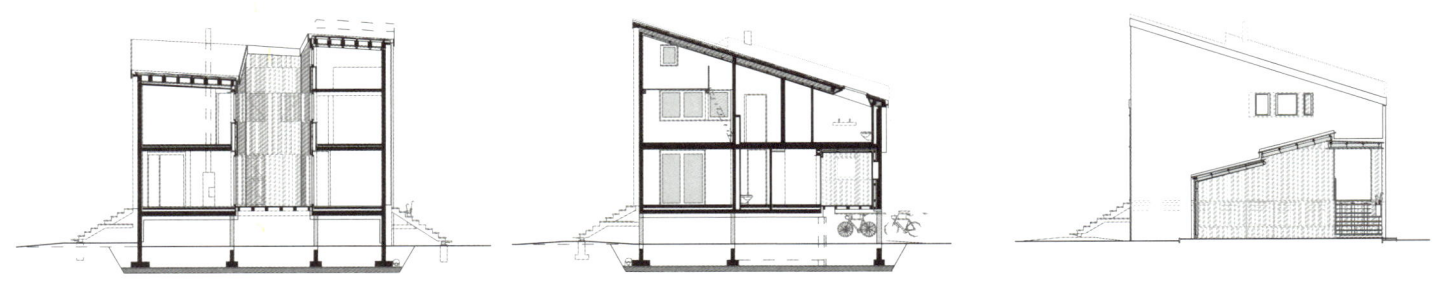

Mobiler Arbeits- und Besprechungsraum, Renens

Mobile office and meeting room, Renens

Körper und Seele

Dieses Projekt entstand aus der Notwendigkeit, einem bestehenden Gebäude einen Multifunktionsraum hinzuzufügen. Dieser sollte unter anderem als Konferenzraum und Zeichensaal genutzt werden können. Das kleine Budget erforderte ein radikal neues Nachdenken über diesen alternativen Raum, der für eine Stiftung bestimmt ist, die sich einem drängenden Problem unserer heutigen Gesellschaft stellt: der gesellschaftlichen und beruflichen Wiedereingliederung von Erwachsenen und jungen Erwachsenen mit schwierigem Hintergrund.

Die Idee des Wohnwagens entstand im Getöse eines Brainstormings. Sie bietet die Möglichkeit einer vielfältigen Nutzung, ist zugleich aber auch Metapher für eine Irrfahrt oder aber die Mobilität im Gegensatz zur gewohnheitsmässigen Beständigkeit der sogenannten «normalen Menschen» – also eine andersartige, nicht normierte Bauweise.

Der Einsatz von Poren-Polycarbonat für die Wände des Wohnwagens ermöglicht gleichzeitig Kostengünstigkeit, Lichtdurchlässigkeit und geringes Gewicht. Das Ganze ist mit Wellblech bedeckt und ruht auf einem alten wiederverwerteten Fahrgestell. Bei der Eingangstür handelt es sich um eine alte Tür, die das Unternehmen Brin d'aventure in seiner Werkstatt auf Lager hatte.

Die Stiftung kann den Wohnwagen an einen anderen Standort versetzen, wenn die Bebauung des gegenwärtigen verdichtet werden soll. Die auf ein nomadisches Leben bezogene Bildlichkeit dieses mobilen Raums entspricht vielleicht der Realität einer Bevölkerung, der es nicht gelingt, sich in einer allzu normierten Gesellschaft einzurichten.

Body and soul

This project was born of the need to create a multifunctional space added to an existing building. It had to incorporate a room designed for conferences, painting or any other function. A small budget provided the opportunity to reflect as much as possible on this alternative space, which was intended as a foundation that is sensitive to the problems of modern-day society, including the social and professional integration of adults and young people in difficult situations.

The idea of a trailer emerged from the din of a brainstorm, with its multiple usage, its metaphor of vagrancy and mobility that contrasts with the conventional stability of so-called "normal" people, and its different, non-standardised construction.

The alveolar polycarbonate used for the walls of the trailer is light, translucent and economical while the whole is covered by a corrugated sheet and mounted on a second-hand chassis. The entrance uses an old door that the company "Brin d'aventure" had on hand in its workshop.

The association can move the trailer elsewhere when this site is densified. The imagined nomadism of this mobile space is perhaps the reality of a population that finds it difficult to settle in a society that is too standardised.

Ausführung / Construction: 2014
Projekt und Realisierung / Project and implementation:
Claude Matter
Hauptmitarbeit / Main collaboration:
Christelle Brot, Apolline Dubois

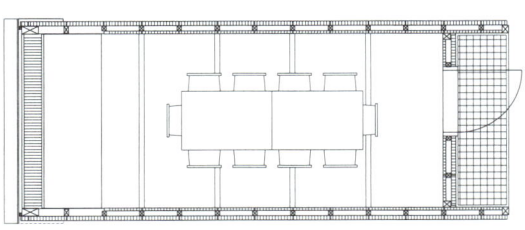

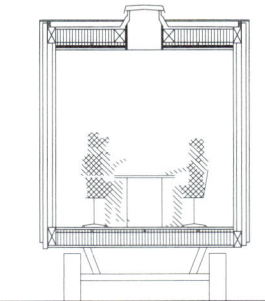

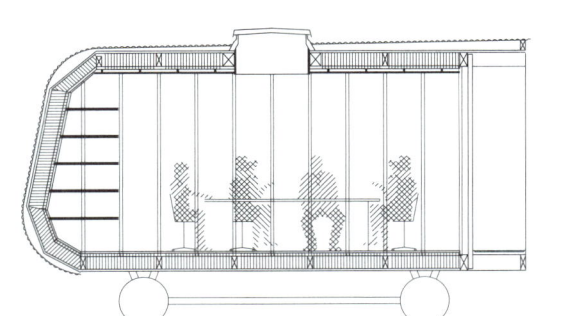

2 m

Werkverzeichnis / List of Works

Auswahl Bauten, Projekte und Wettbewerbe / Selection of buildings, projects and competitions
*Jahr der Fertigstellung / *Year of completion

1989		**D1**	Diplomarbeit von Olivier Galletti zur Umgestaltung des Steinbruchs, Collombey (Professor: Martin Steinmann; Assistent: Jean-Luc Grobéty; Expertin: Marie-Claude Betrix)
		D2	Diplomarbeit von Claude Anne-Marie Matter zur Umgestaltung Bahnhofplatz, Renens (Professor: Luigi Snozzi; Assistent: Pierre-Alain Croset; Expertin: Marie-Claude Betrix)
1988	*1992	**1**	Zweifamilienhaus, Chemin du Languedoc, Lausanne
1989		**2**	Wettbewerb Rathaus, Monthey – Verwaltungsgebäude und Platzgestaltung (1. Preis)
		3	Wettbewerb Restoroute, Martigny (4. Preis)
		4	Wettbewerb Bahnhof, Brig
	*1990	**5**	Einfamilienhaus, Collombey
1990		**6**	Wettbewerb Kantonales Sportzentrum, Steg
		7	Wettbewerb Schulzentrum und Feuerwache, Monthey (mit Yves Jacot; 2. Preis)
		8	Strukturierungsplan Avenue de l'Europe – Avenue de la gare, Monthey (Vorprojekt)
	*1990	**9**	Umbau Maiensäss, Vernamiège
1991		**10**	Wettbewerb Schulzentrum, Vercorin

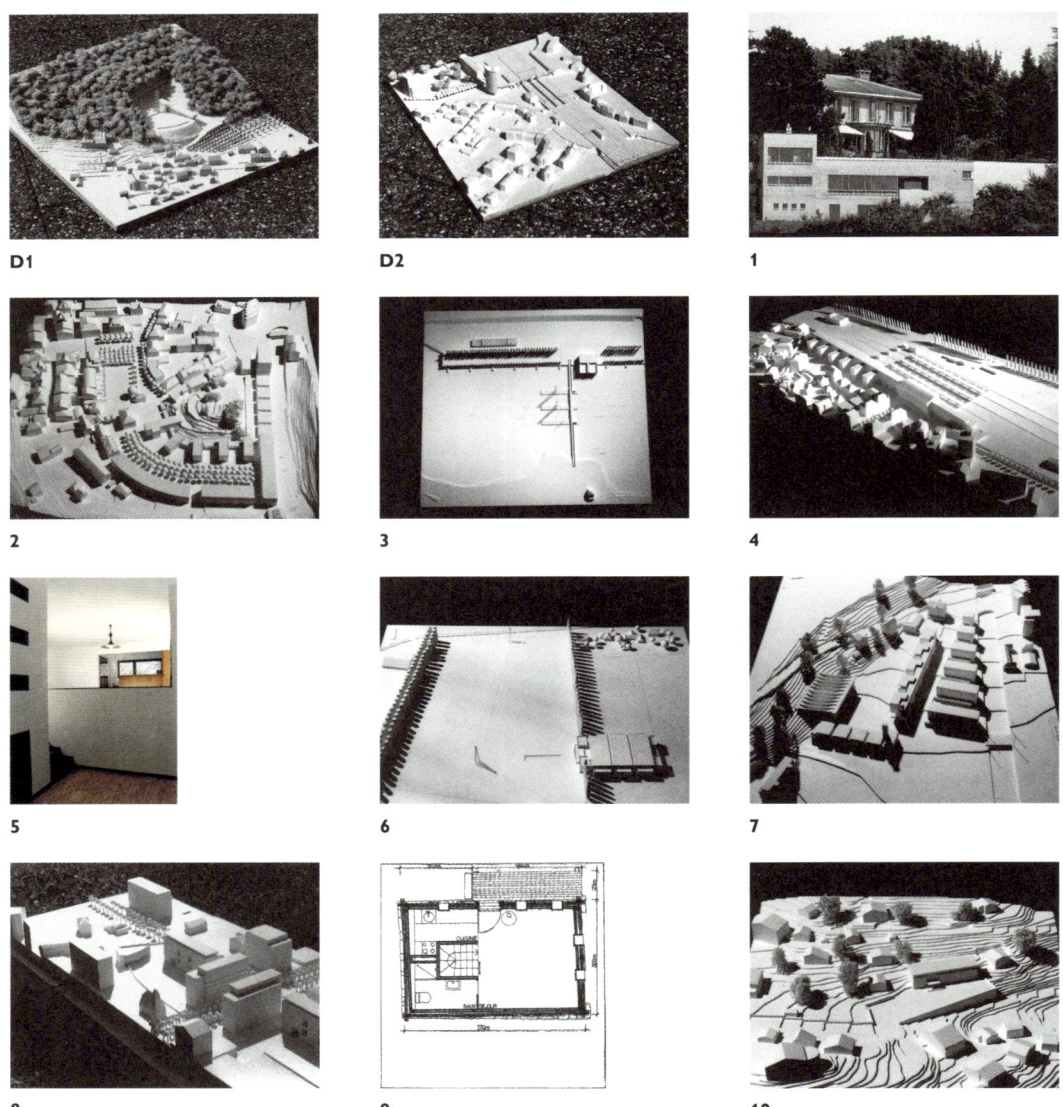

D1

D2

1

2

3

4

5

6

7

8

9

10

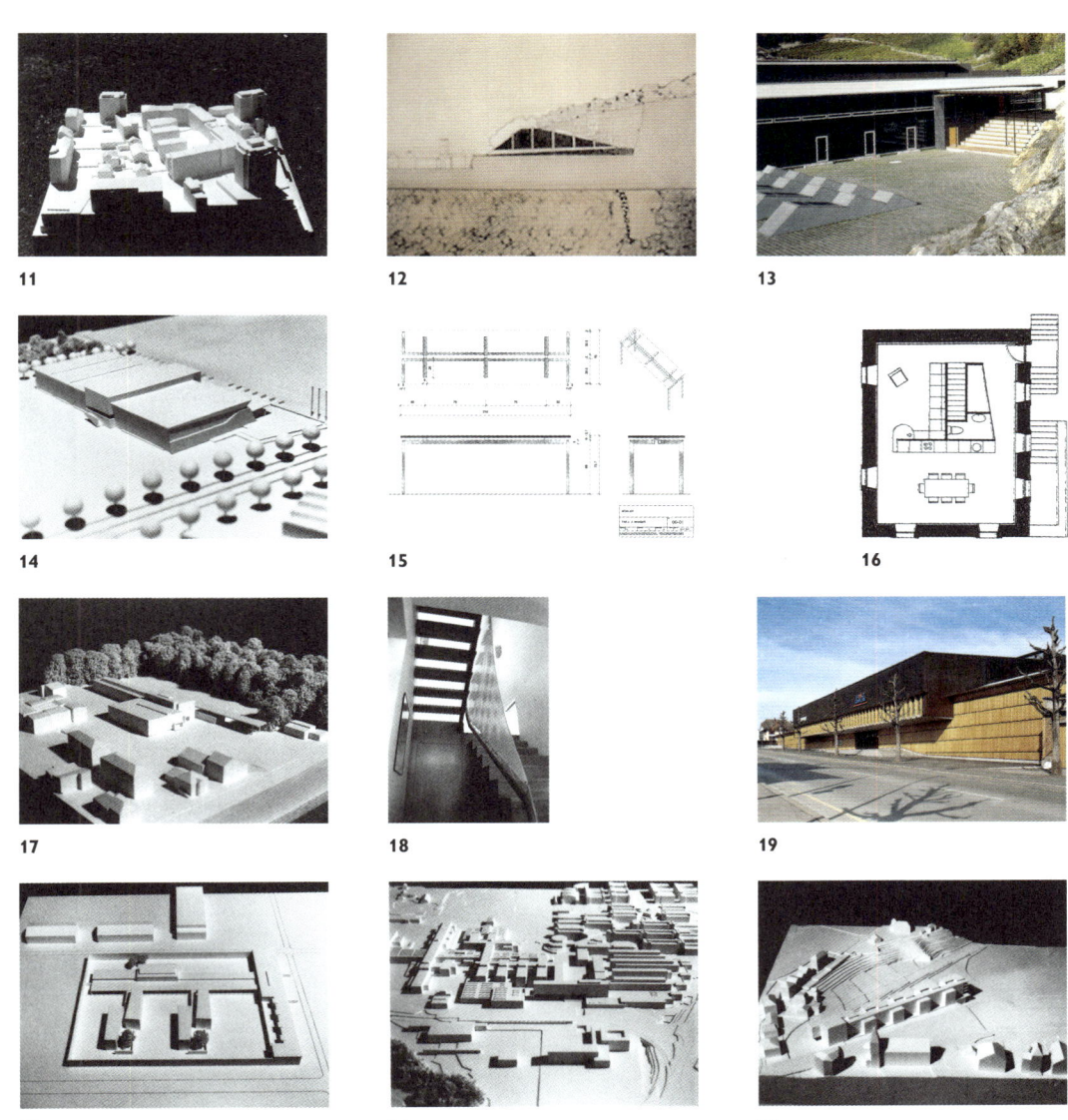

11

12

13

14

15

16

17

18

19

20

21

22

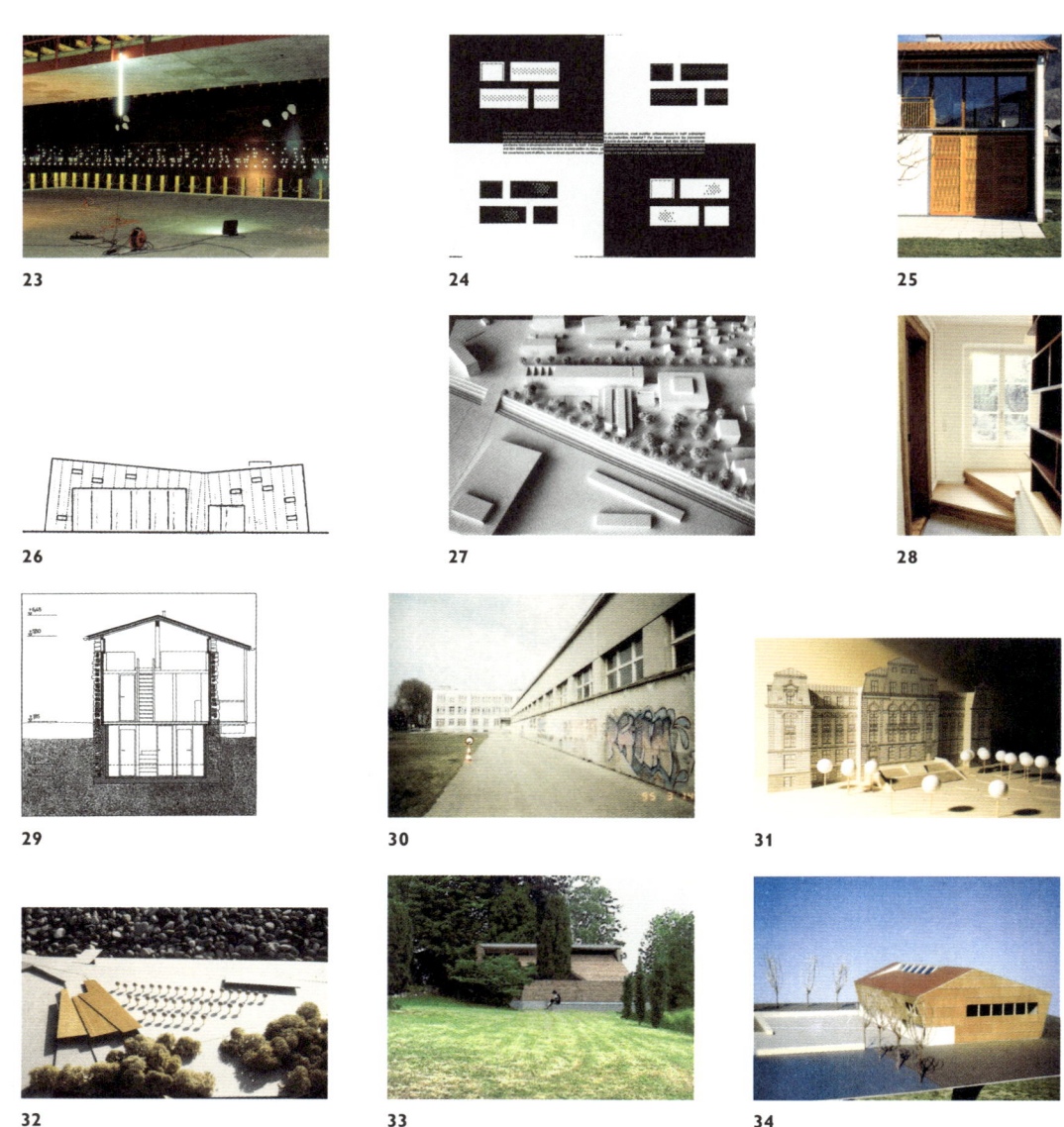

23

24

25

26

27

28

29

30

31

32

33

34

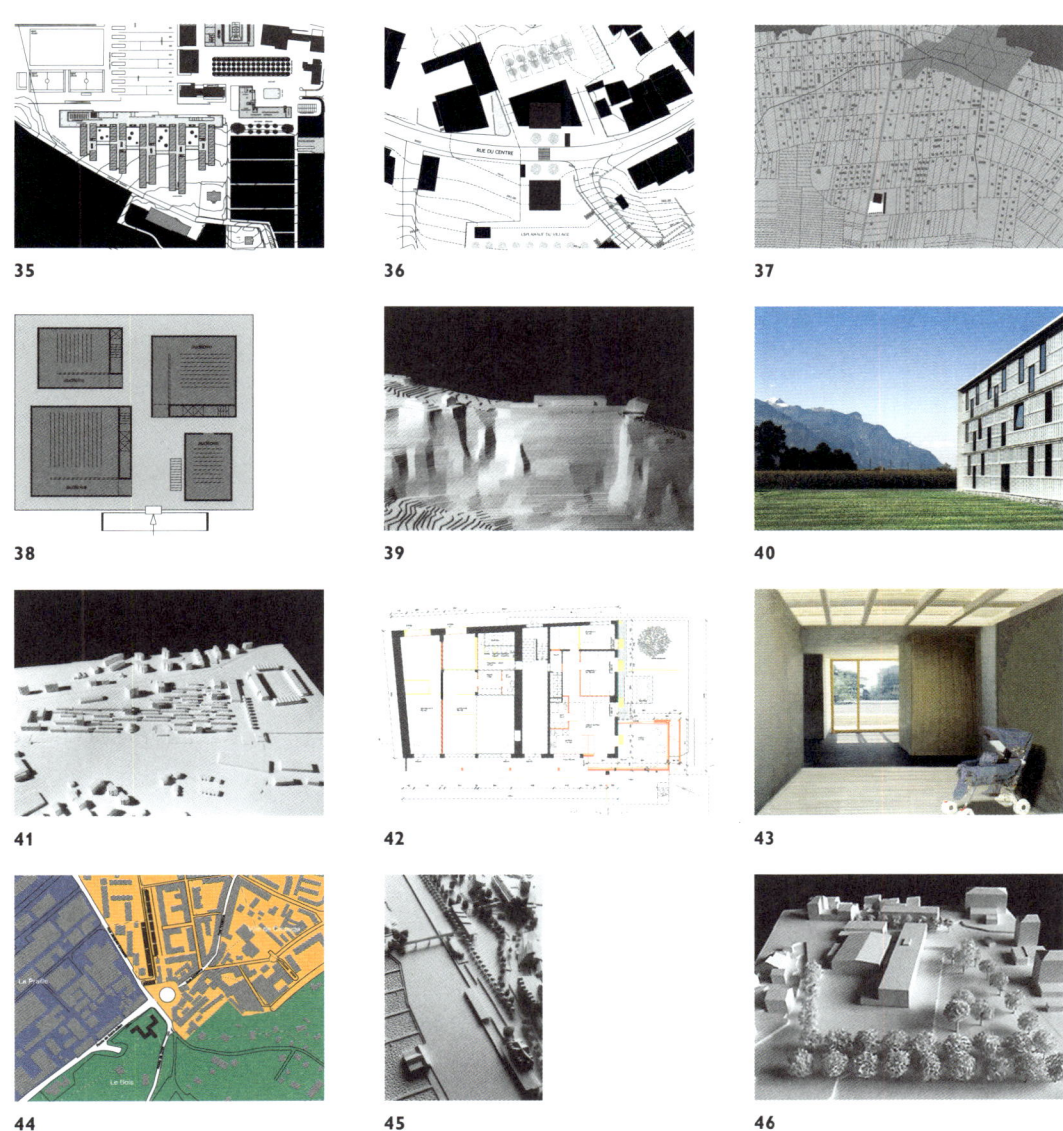

35

36

37

38

39

40

41

42

43

44

45

46

1998	47	Wettbewerb Schulzentrum, Plan-Conthey (6. Preis)
	48	Wettbewerb Freizeit- und Sportzentrum En Boulay, Romont (3. Preis)
	49	Wettbewerb Umgestaltung Marktplatz, Bulle (mit A3 Architekten, Bern; 1. Preis; nicht realisiert)
1999	50	Vorprojekt Hotel Guisan, Bern
	51	Vorprojekt Umbau Wohnhaus am Place de la Palud, Lausanne
	52	Wettbewerb Schulhaus, Kindertagesstätte und Sporthalle im Quartier Des Alpes, Pully
	53	Wettbewerb Schulzentrum La Tambourine, Carouge (3. Preis)
	54	Schulhaus Tombay II, Bussigny-près-Lausanne
	55	Wettbewerb Erweiterung Schul- und Sportzentrum, Grône (3. Preis)
	56	Wettbewerb Schulzentrum, La Tour-de-Trême
	57	Wettbewerb Erweiterung Schulzentrum mit Kindergarten Des Buttes, Rolle (mit Julien Grisel; 3. Preis)
	58	Wettbewerb Erweiterung Schulzentrum Farvagny, Gibloux

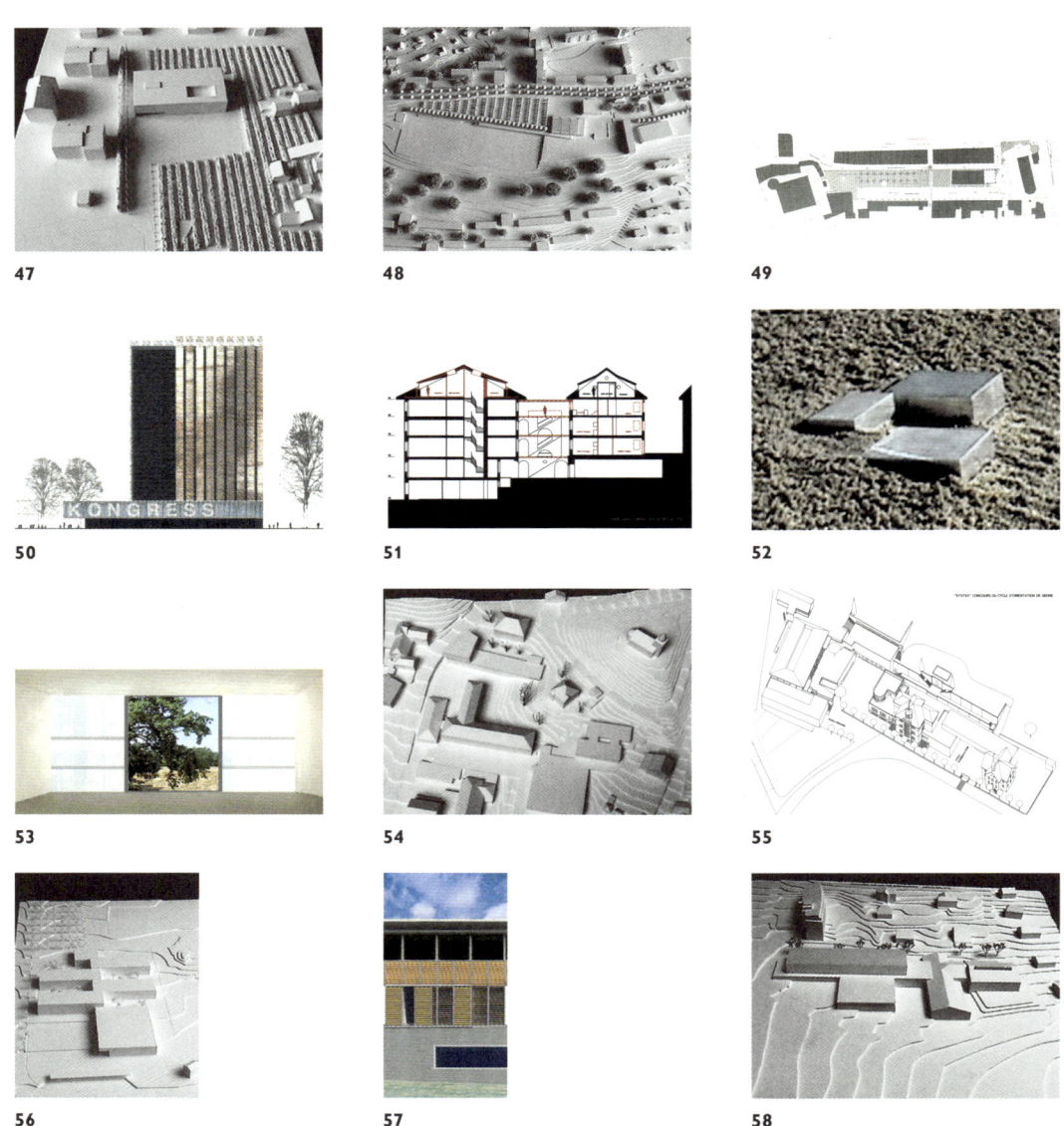

47

48

49

50

51

52

53

54

55

56

57

58

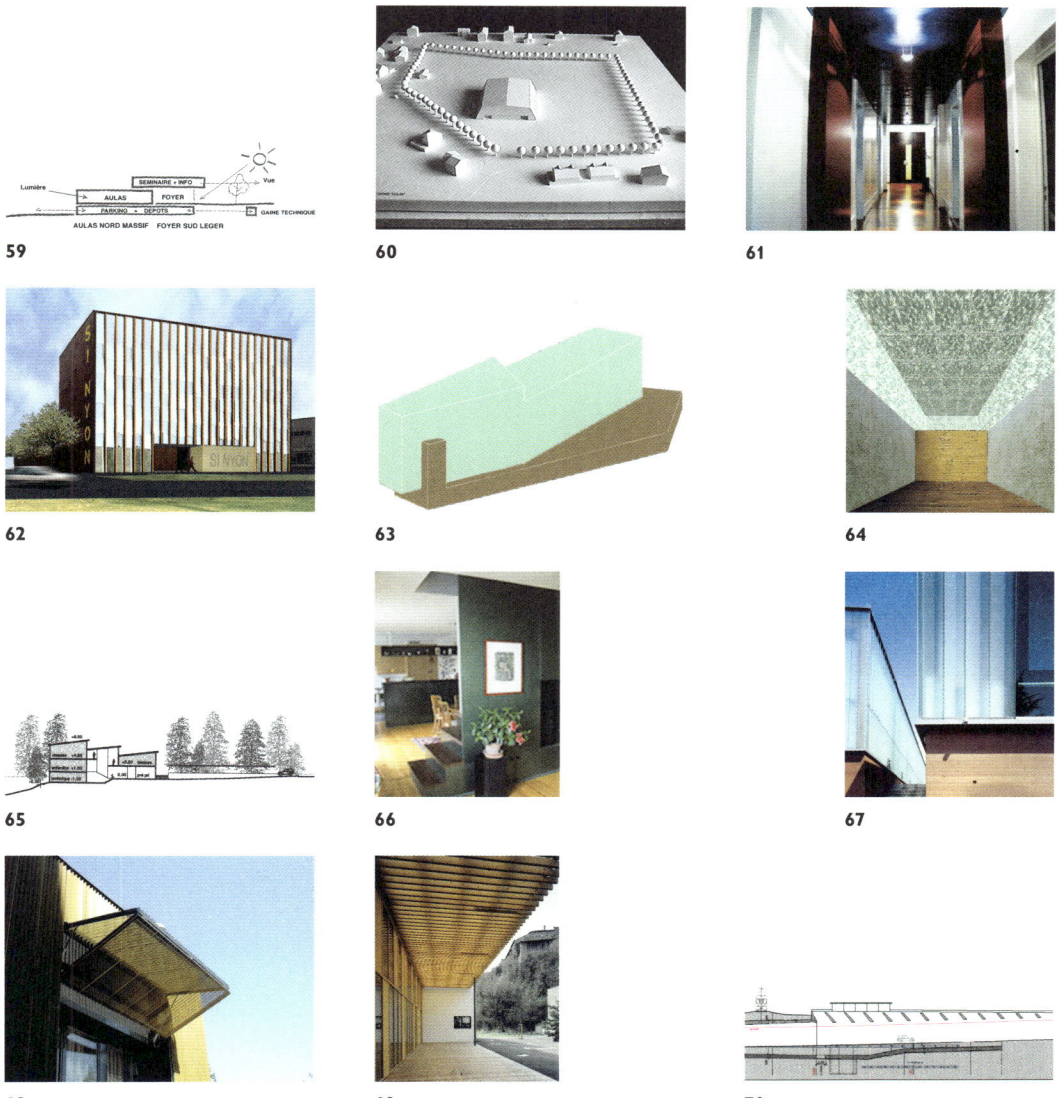

59

60

61

62

63

64

65

66

67

68

69

70

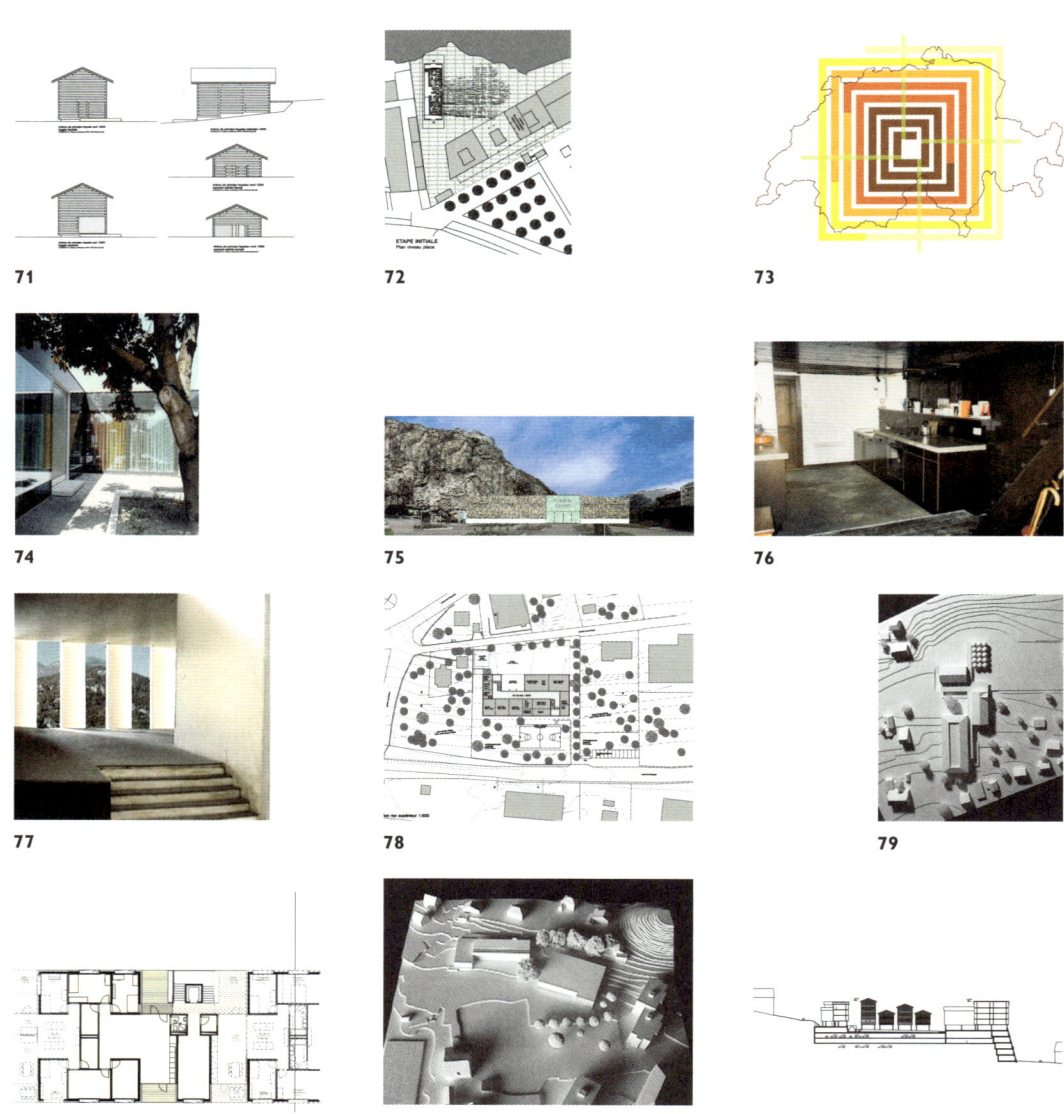

71

72

73

74

75

76

77

78

79

80

81

82

2002		83	Wettbewerb Schul- und Sportzentrum De Bahyse, Blonay
2003	•2003	84	Umbau Wohnung im Dachstock, Lausanne
		85	Vorprojekt Sport- und Mehrzweckhalle, Dorfplatz, Lavigny (mit Urbaplan 2002)
		86	Projekt Wohnhaus, Les Cullayes
	•2005	87	Wettbewerb Schulhaus La Carrière, Crissier (1. Preis)
		88	Wettbewerb Platzgestaltung Place du Pré de Foire, Martigny (mit Cécile Presset Landschaftsarchitektur; 2. Preis)
	•2008	89	Wettbewerb Renovation Schulhaus De Florissant, Renens (mit Astrid Dettling und Jean-Marc Péléraux; 1. Preis)
		90	Wettbewerb Erweiterung Schulhaus Goubing, Sierre
		91	Vorprojekt Gemeindezentrum mit Mehrzweckhalle und Verkaufsfläche, Ballaigues
2004	•2006	92	Wettbewerb Hochschule Gesundheit (Essanté), Lausanne (1. Preis)
	•2006	93	Einfamilienhaus, Fully
	•2005	94	Einfamilienhaus, Bremblens

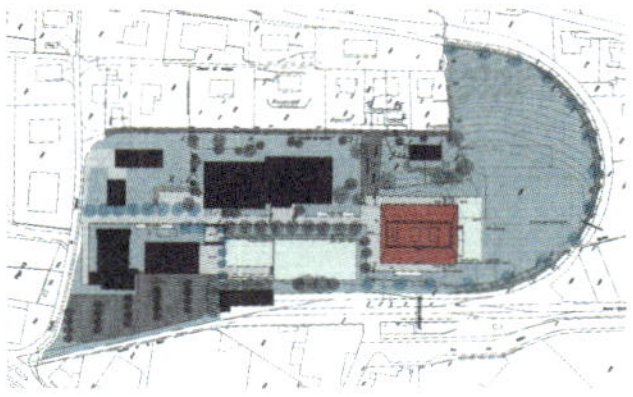

83

84

85

86

87

88

89

90

91

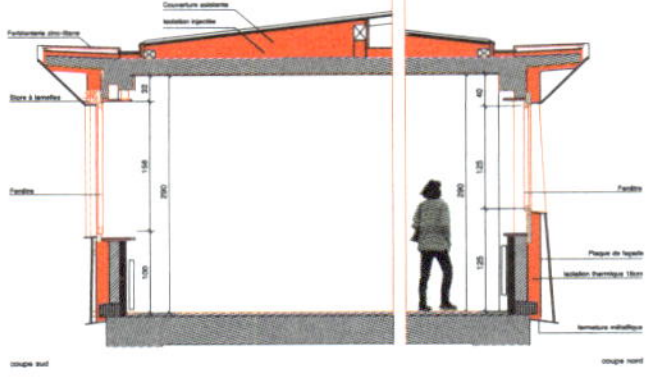

92

93

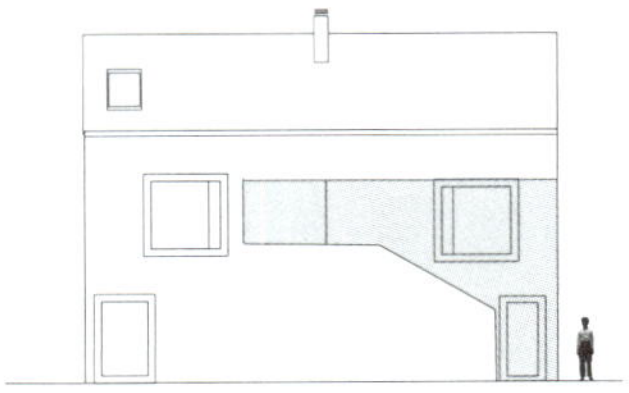

94

2004		**95**	Wettbewerb Werkhof und Zivilschutzanlage, Bremblens
		96	Wettbewerb Neues Kunstmuseum, Lausanne
		97	Wettbewerb Sporthalle für die Internationale Schule Genf (Ecole internationale de Genève), Founex
		98	Vorprojekt Erweiterung Schulhaus und Sporthalle, Val d'Illiez
	•2006	**99**	Wettbewerb Transformation eines Schulgebäudes, Lausanne (1. Preis)
		100	Publikation Monografie *Galletti & Matter 1989–2005*
2005	•2008	**101**	Wettbewerb Erweiterung Alters- und Pflegeheim, Saillon (1. Preis)
		102	Wettbewerb Schulhaus, Apples
	•2008	**103**	Wettbewerb Primarschulhaus, Saint-Gingolph (1. Preis)
	•2008	**104**	Wettbewerb Umbau Berufs- und Handelsschule EPCL, rue du Midi, Lausanne
		105	Selektiver Wettbewerb Umbau Schulhaus, Yverdon
2006		**106**	Wettbewerb Berufsschule Fondation Verdeil, Lausanne (2. Preis)

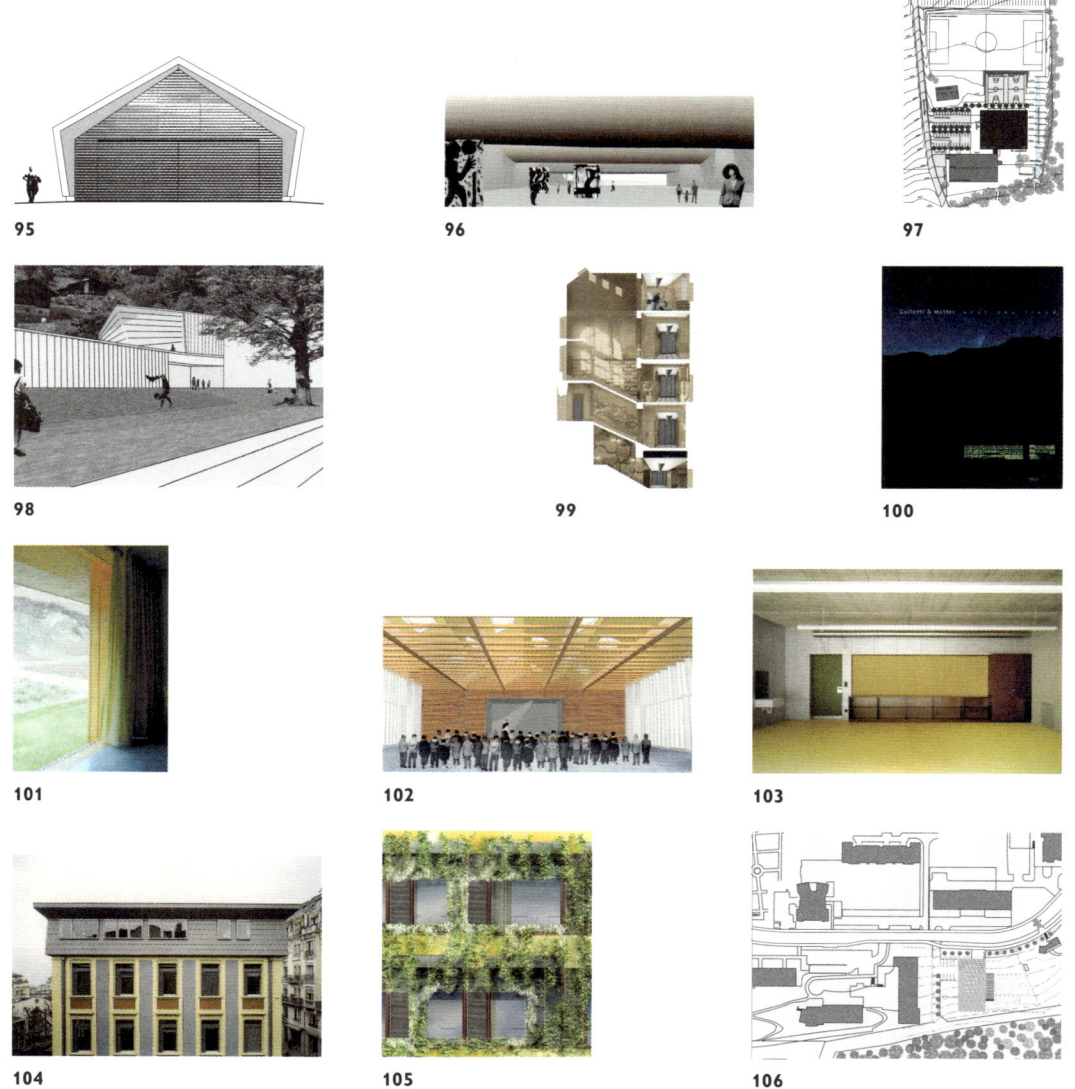

95 **96** **97**

98 **99** **100**

101 **102** **103**

104 **105** **106**

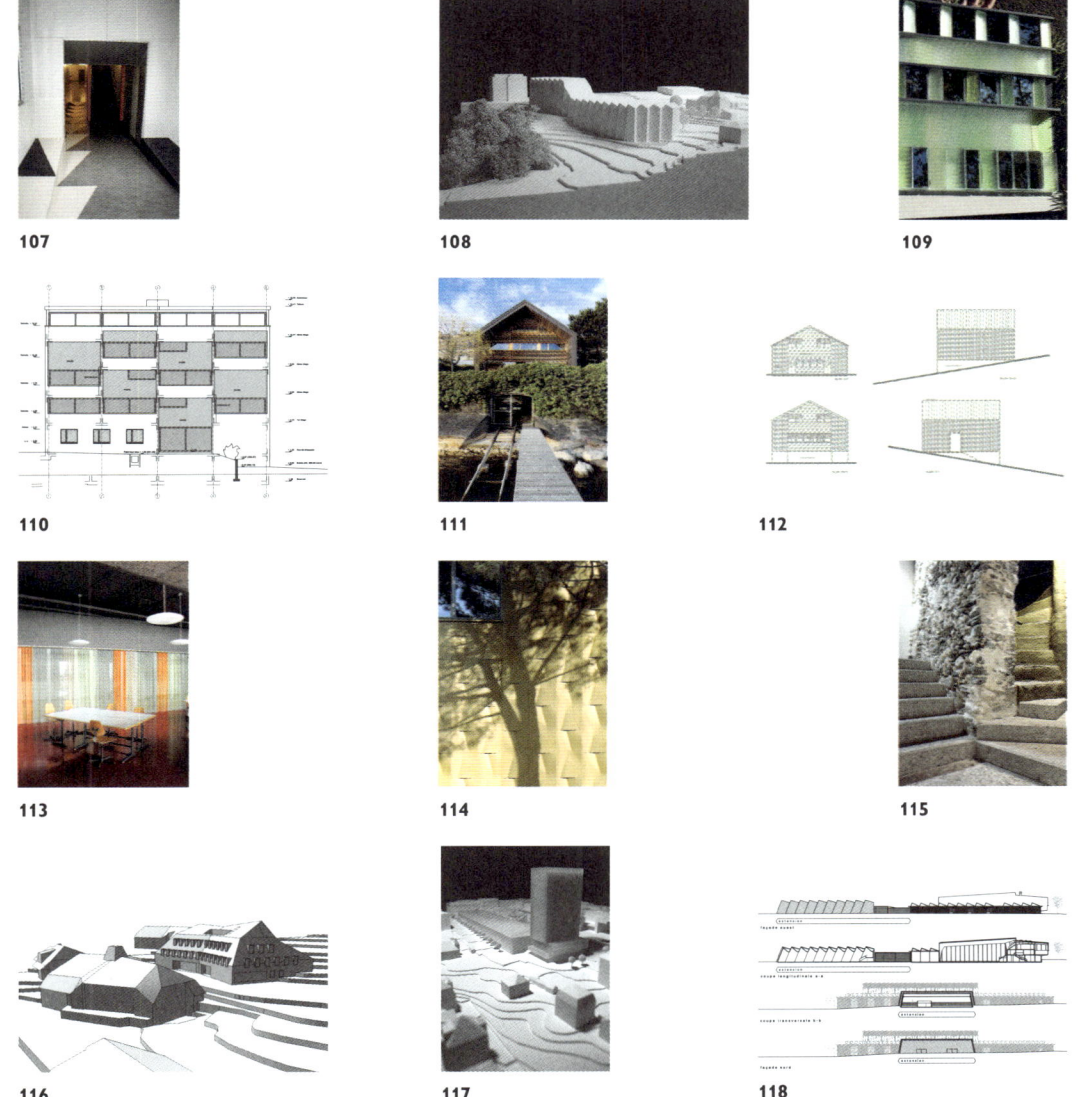

107

108

109

110

111

112

113

114

115

116

117

118

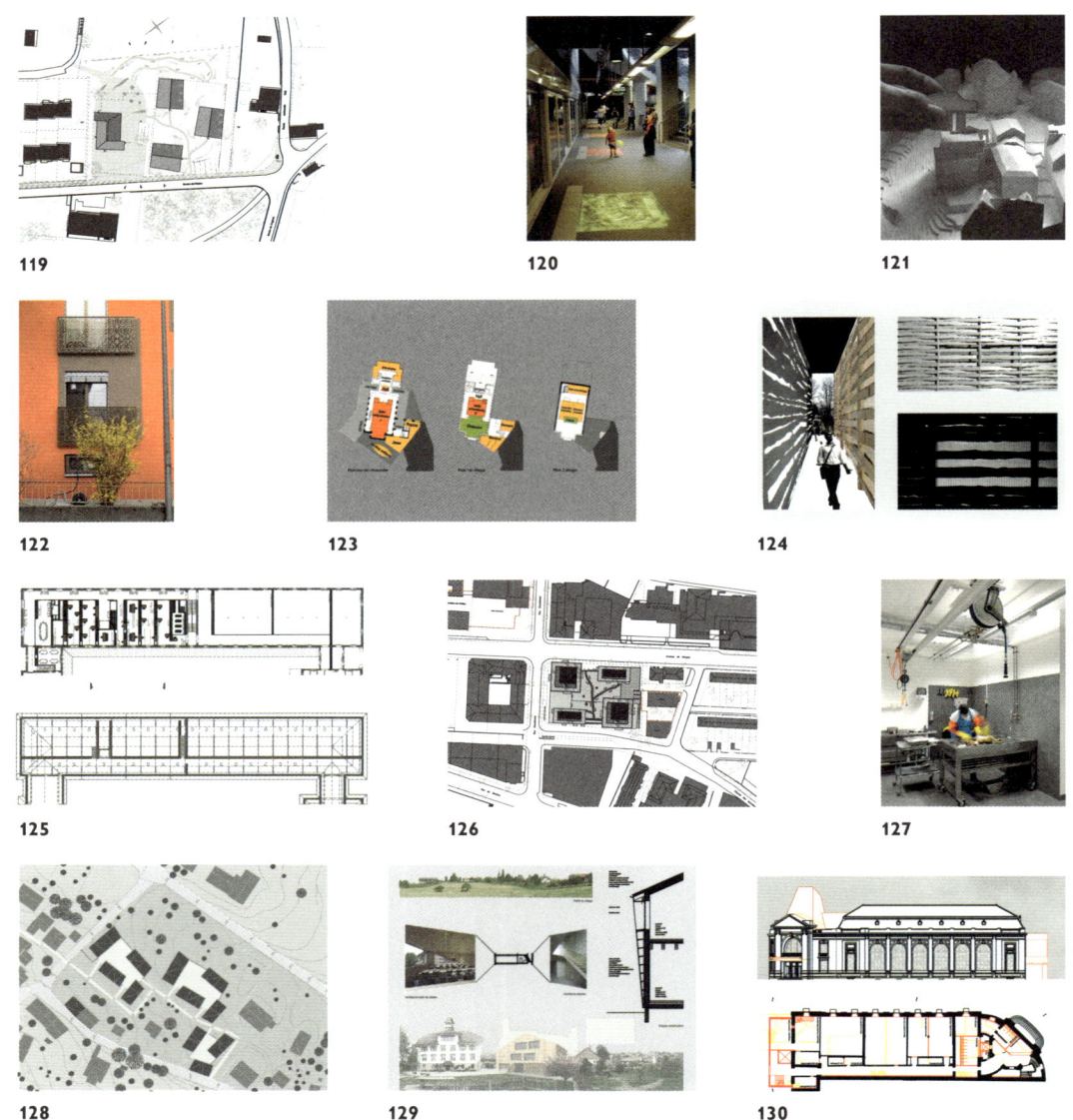

119   120   121

122   123   124

125   126   127

128   129   130

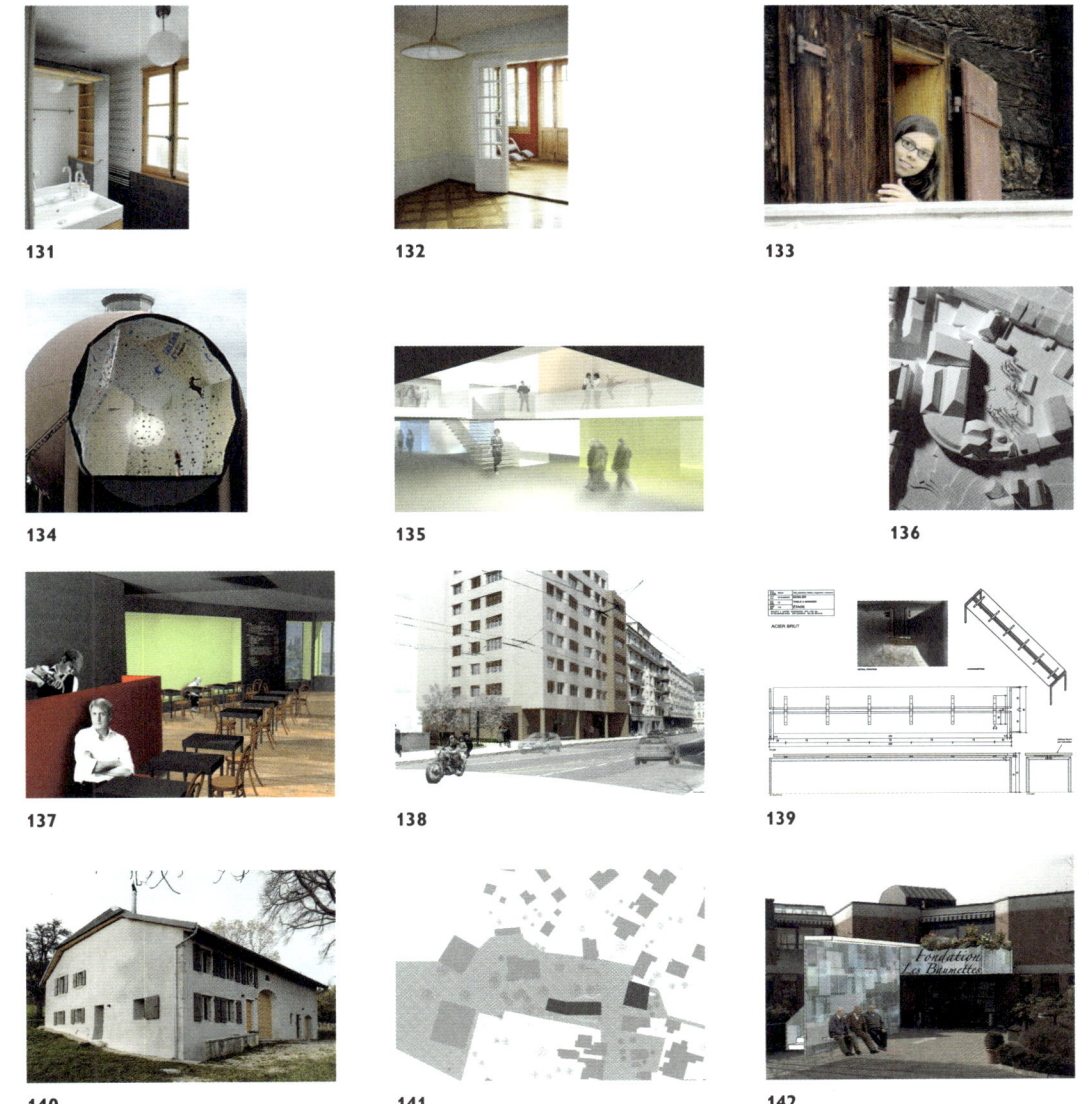

131
132
133

134
135
136

137
138
139

140
141
142

2011   **143**   Offener Wettbewerb Neugestaltung Bahnhofsplatz, La Chaux-de-Fonds (mit
                         Jean-Jacques Borgeaud Landschaftsarchitektur; 4. Preis)

        144   Wettbewerb Umbau Sportanlagen, Stadium und Fussballzentrum La Tuilière, Lausanne

        145   Wettbewerb Schulhaus Grand Pré, Marly

        146   Wettbewerb Tramwerkstatt, Renens

•2014   **147**   Ausschreibungswettbewerb Transformation der ehemaligen Poliklinik, Lausanne (1. Preis)

        148   Wettbewerb Fassadensanierung Berufs- und Handelsschule EPCL, Vallée de la Jeunesse, Lausanne (3. Preis)

•2011   **149**   Innenumbau, Schaffung einer Wohnung und von Büroräumen, Yverdon-les-Bains

•2011   **150**   Umbau Wohnung aus dem Jahr 1823, Morges

        151   Wettbewerb Umbau und Erweiterung Pflegeheim für Seh- und geistig Behinderte Le Foyer, Lausanne (2. Preis)

        152   Wettbewerb Technische Hochschule und Berufsschule ETML Recordon, Lausanne

•2017   **153**   Einbau Hörsäle, Biologische und Medizinische Fakultät der Universität Lausanne

2012   **154**   Wettbewerb Schulhaus und Sporthalle Dalaz und Tatironne, Bussigny-près-Lausanne

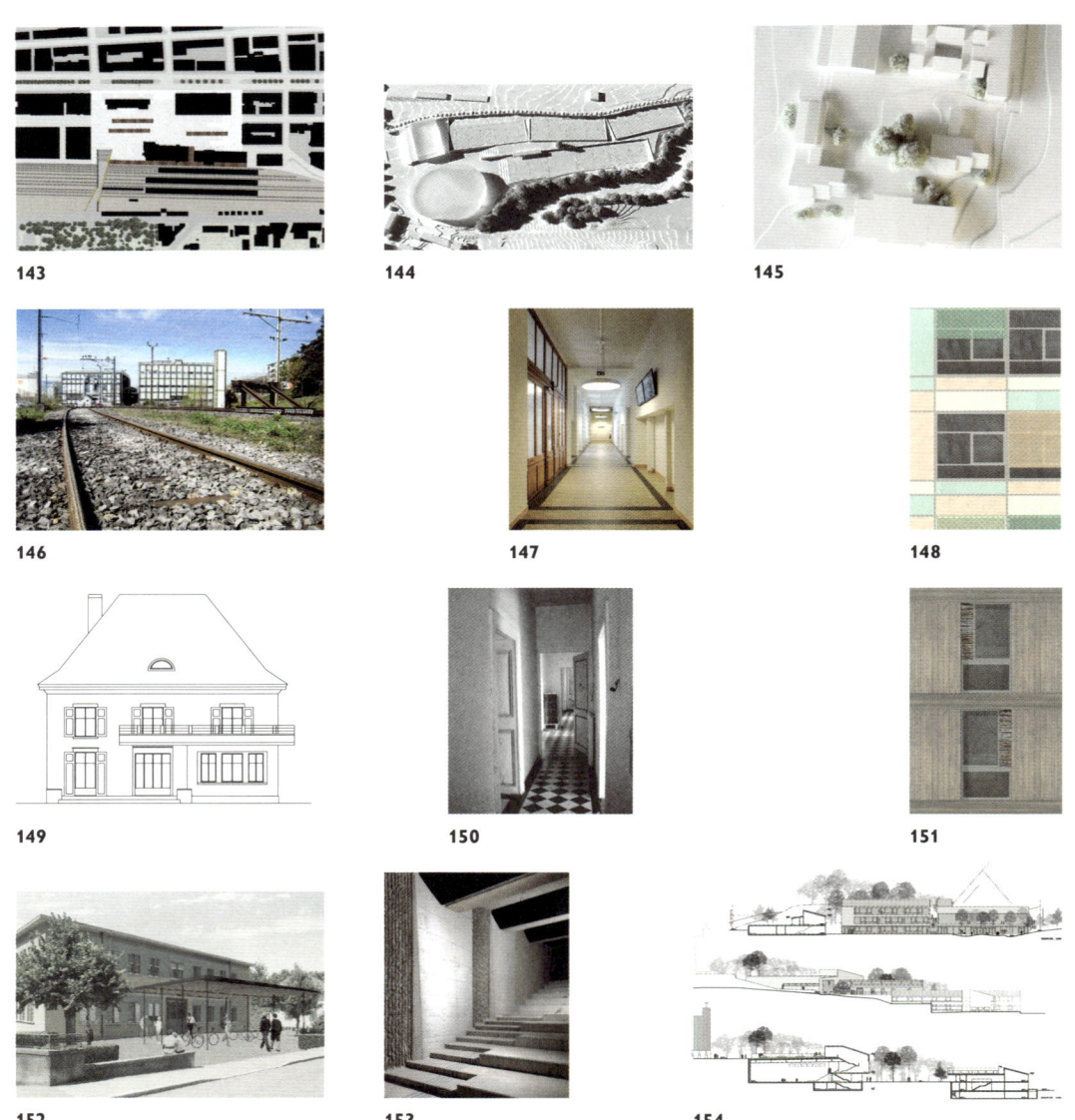

143

144

145

146

147

148

149

150

151

152

153

154

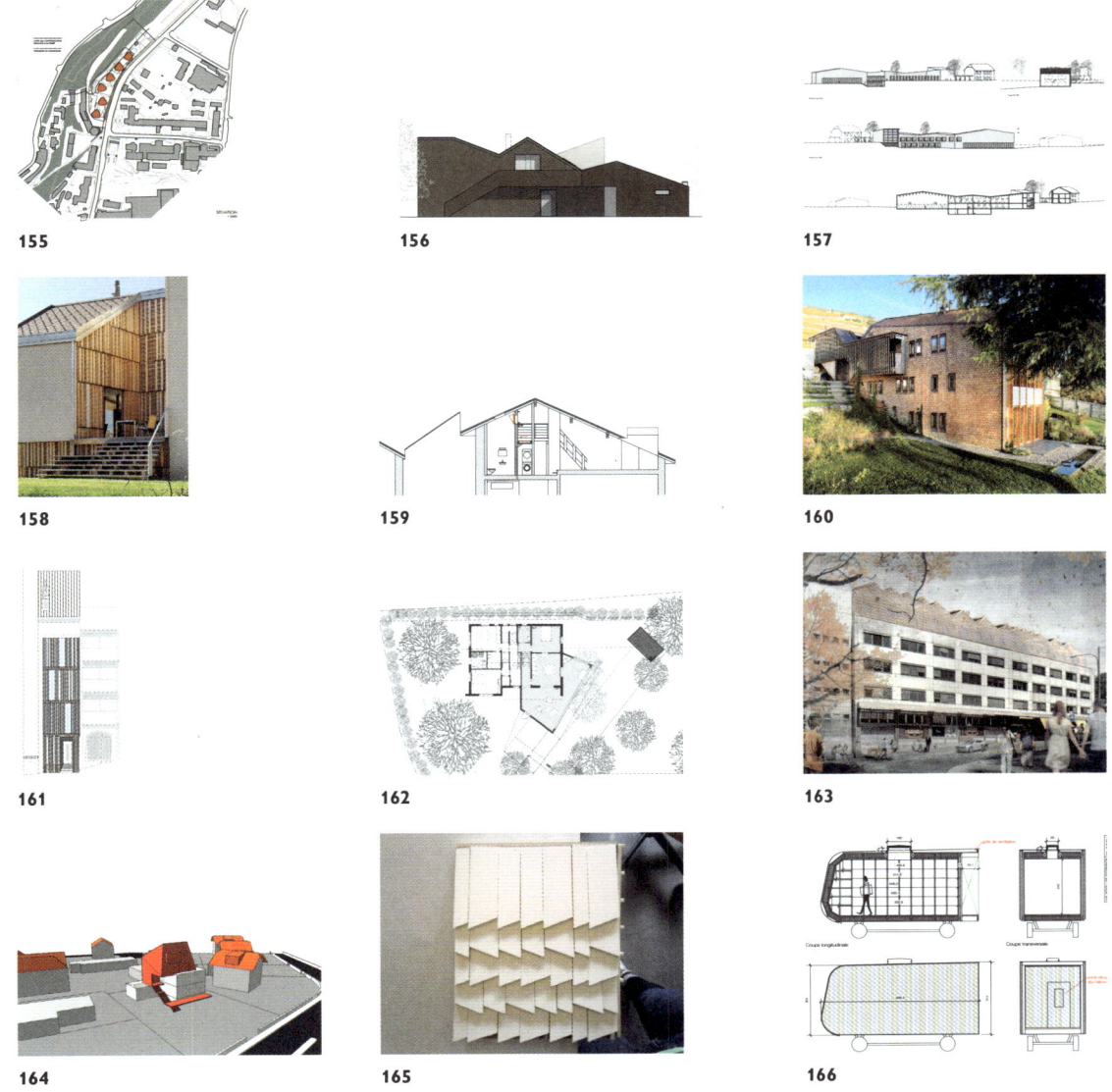

155

156

157

158

159

160

161

162

163

164

165

166

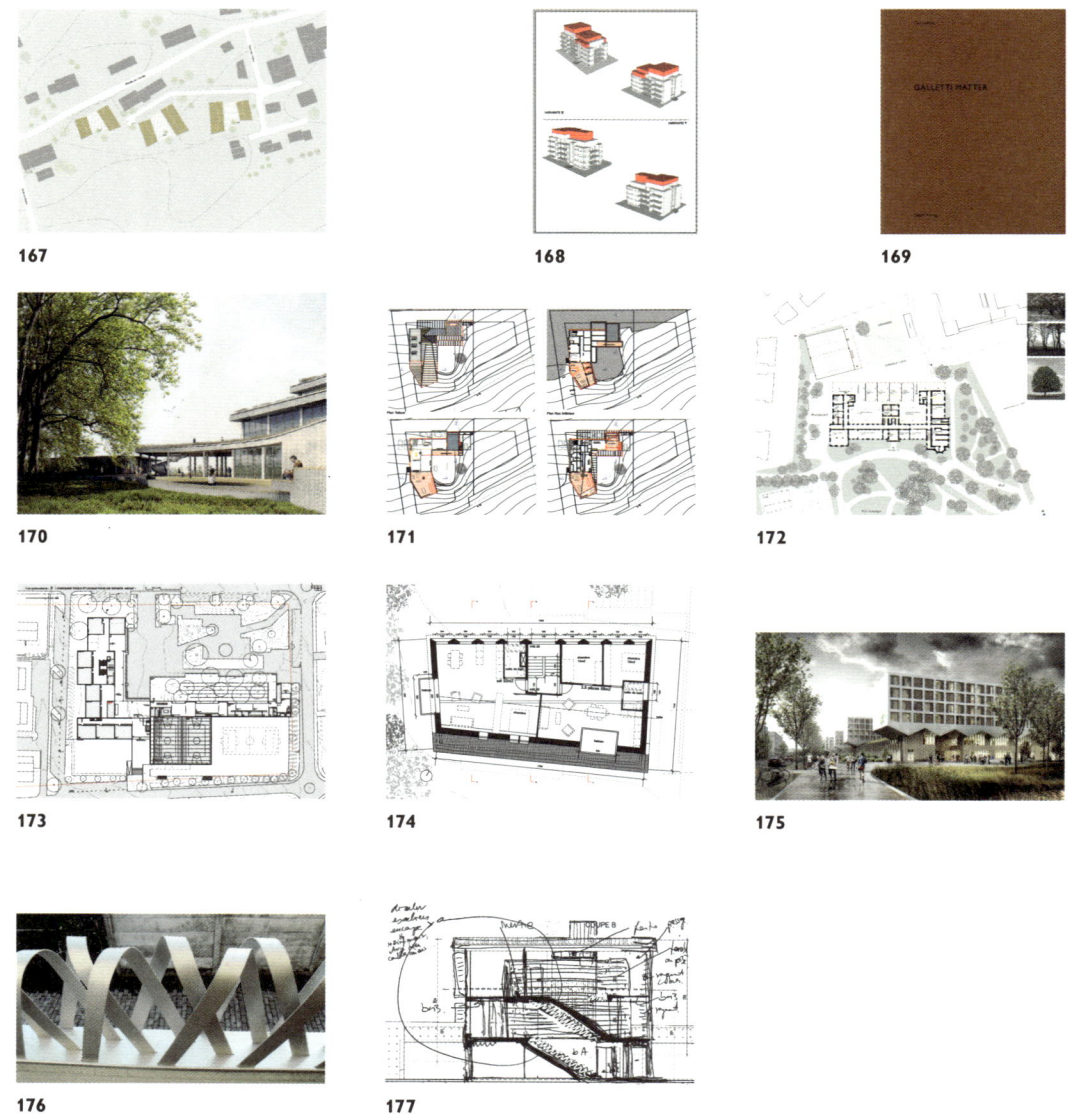

167

168

169

170

171

172

173

174

175

176

177

134

Anmerkung für die Leser und Klarstellung für andere

Wir gründeten unser Architekturbüro Galletti & Matter 1989. Aus der beruflichen und privaten Verbindung (wir heirateten im Jahr 1994) gingen zahlreiche verwirklichte Bauprojekte und zwei Kinder hervor. 2008 verliess Olivier Galletti das Büro, um sieben Jahre lang für den Kanton Wallis als kantonaler Architekt zu wirken. Ich übernahm die alleinige Leitung des Büros. Von 2008 bis 2014 lernte Olivier also die Arbeit von der anderen Seite des Spiegels kennen. Um es mir und anderen zu beweisen, dass ich auch allein arbeiten kann, stürzte ich mich in jener Zeit in die Abgründe der Reflexion – es war eine Art Rückkehr zu mir selbst. Olivier trat dann 2014 von seinem Posten zurück und nahm seine Tätigkeit im Büro wieder auf. Zu jenem Zeitpunkt zügelte eine Krankheit meine Arbeitswut. Diese erzwungene Pause liess mich begreifen, dass unser Beruf zerstörerisch ist, wenn man sich ihm mit Leib und Seele hingibt. Die Anfrage nach der Veröffentlichung eines Buchs seitens des Quart Verlags ermöglichte mir die Rückkehr zu unserer Tätigkeit, sie rechtfertigt die Lücke in meinem Lebenslauf von 2014 bis 2017. Die Texte, die wir dem Leser hier darbieten, sind keine Projektbeschreibungen im herkömmlichen Sinne, ausführlich illustriert mit Grundrissen und Fotografien. Vielmehr versammeln diese Texte die Reflexionen aus acht Jahren. Dieses Buch erlaubt mir in gewisser Weise, mich von der Last der Realität unseres Berufs zu befreien und Architektur zu lehren, womit ich 2012 begann. Einige Projekte wurden zwischen 1989 und 2008 von uns beiden gemeinsam geplant und realisiert, andere zwischen 2008 und 2014 von mir oder ab 2014 von Olivier entworfen und gebaut.

Claude Matter, Januar 2017

Note for readers and clarification for others

The Galletti & Matter architects' office was opened in 1989. The association, both personal (married to Olivier Galletti in 1994) and professional, has given rise to two children and numerous creations. In 2008, Olivier Galletti began a seven-year term as Cantonal Architect to the Canton of Valais, leaving me to manage the office alone. Between 2008 and 2014, Olivier Galletti had the opportunity to see the other side of the mirror. To prove to myself and others that I was capable of working alone, I devoted myself wholeheartedly to a certain mindset, plunging deep into several thought processes in a form of inward reflection. Olivier Galletti resigned from his post in 2014, once again taking up his work in our office just as illness curtailed my own relentless pursuit of my work. This enforced break gave me the opportunity to understand why this profession can be so destructive when you give yourself to it body and soul... As if to justify a gap in my career path running from 2014 to 2017, the desire of Quart Verlag to publish this book was a sign, offering me the chance to look back on our journey. The texts contained in this work are not descriptions of projects that have already been widely documented through plans and photographs, but narratives highlighting the considerations amassed over the past eight years. This book is like a process that allows me to detach myself from my chosen profession, thereby helping me to teach the architectural project, which I have been doing since 2012. That is why certain projects were planned and accomplished by Olivier Galletti and Claude Matter from 1989 to 2008, then built and planned by Claude Matter from 2008 to 2014, then built by Olivier Galletti from 2014 onwards.

Claude Matter, January 2017

Claude Matter

1964	Geboren in Lausanne, Tochter einer Künstlerin und eines Kaufmanns
1989	Architekturdiplom an der EPF Lausanne bei Prof. Luigi Snozzi
	Gründung des Büros Galletti & Matter mit Olivier Galletti
	Mitglied im Schweizerischen Ingenieur- und Architektenverein (SIA)
1993	Mitglied im Schweizerischen Architektenregisters REG A
1996	Mitglied im Bund Schweizer Architekten (BSA)
seit 1997	Mitglied in 24 Wettbewerbsjurys
1998–2007	Vizepräsidentin der Kantonalen Baukommission des Kantons Wallis
2007–2015	Alleinige Leitung des Büros Galletti Matter.
seit 2008	Mitglied im Schweizer Heimatschutz (SHS) sowie diverse Gutachten und Machbarkeitsstudien
2009	Mitglied von visarte Waadt

Lehrtätigkeit

2006/07	Gastprofessur zusammen mit Olivier Galletti im Wintersemester an der EPFL, Fachbereich ENAC (Umwelt, Architektur und Konstruktion)
2008	Expertin an der EPF Lausanne, Mastermodul «Architektur und Konstruktion», Fachbereich ENAC
	Expertin für Diplomarbeiten im Fachbereich Innenarchitektur an der Genfer Hochschule für Kunst und Design (HEAD)
	Expertin im Bereich Weiterbildung, Ecole d'architecture, Strassburg
2009	Expertin an der EPFL, Mastermodul «Architektur und Konstruktion», Fachbereich ENAC
2009–2011	Privatdozentin an der EPFL: Lehrbereich Architektur und Konstruktion – La construction légère CCLab (Composite Constructing Laboratory) bei Prof. Thomas Keller
seit 2011	Entwurfsprofessur für das zweite Bachelor-Studienjahr an der Hochschule für Technik und Architekur Freiburg (HTA-FR) zum Thema Wohnen
2011	SIA-Kurs zur Gebäudesanierung: «Leadership en rénovation», viertägiger Fortbildungskurs, der von 2012 bis 2015 wiederholt wurde
2012	Expertin für das dritte Jahr im Bachelorstudiengang an der EPFL bei Prof. Franz Graf

Olivier Galletti

1963	Geboren in Sitten als Sohn einer Literaturliebhaberin und eines Unternehmers
1989	Architekturdiplom an der EPF Lausanne bei Prof. Martin Steinmann
	Gründung des Büros Galletti & Matter mit Claude Anne-Marie Matter
1993	Mitglied im Schweizerischen Architektenregisters REG A
1996	Mitglied im Bund Schweizer Architekten (BSA)
1999–2000	Mitglied im Vorstand des Schweizerischen Ingenieur- und Architektenverein (SIA)
2003–2004	Präsident der Sektion Romandie des BSA
2007–2015	Kantonsarchitekt des Kantons Wallis (und Austritt aus dem Büro Galletti Matter). Teilnahme an mehr als 90 Wettbewerbsjurys, davon an rund 70 als Jurypräsident in der Eigenschaft als kantonaler Architekt. Diese Jurys befassten sich mit sehr unterschiedlichen Fragen, z. B. dem Schulbereich, dem öffentlichen Raum, mit Gebäuden zur ambulanten und stationären Gesundheitsversorgung, aber auch mit Gefängnissen, Justizgebäuden und Berghütten. Präsident oder Mitglied in verschiedenen Kommissionen, die sich mit historischen Stätten und Gebäuden befassten, insbesondere mit Objekten von nationaler Bedeutung wie der Valeria-Basilika in Sion oder dem Ensemble des Martolet in Saint-Maurice VS.
2015	Ende der Tätigkeit als Kantonsarchitekt und Wiederaufnahme der Arbeit im Büro Galletti Matter

Lehrtätigkeit

2006/07	Gastprofessur zusammen mit Claude Matter im Wintersemester an der EPFL, Fachbereich ENAC (Umwelt, Architektur und Konstruktion)
seit 2017	Professur für Konstruktionslehre im dritten Bachelor-Studienjahr an der Hochschule für Technik und Architekur Freiburg (HTA-FR)

Claude Matter	1964	Born in Lausanne, daughter of an artist and a merchant
	1989	Graduated at the EPF Lausanne under Prof. Luigi Snozzi
		Founded the office Galletti & Matter with Olivier Galletti
		Member of the Swiss Society of Engineers and Architects (SIA)
	1993	Member of the Swiss Register of Architects REG A
	1996	Member of the Federation of Swiss Architects (BSA)
	Since 1997	Member of 24 competition juries
	1998–2007	Vice President of the Cantonal Building Committee of the Canton of Valais
	2007–2015	Sole management of the office Galletti & Matter
	Since 2008	Member of the Swiss Heritage Society (SHS) and numerous surveys and feasibility studies
	2009	Member of visarte Waadt

Teaching

	2006/07	Guest Professor with Olivier Galletti, Winter Semester at the EPFL, ENAC Department (Environment, Architecture and Construction)
	2008	Expert at the EPFL (ENAC) for the MA module "Architecture and Construction"
		Expert for Diploma Theses at the Department of Interior Architecture at the Geneva School of Art and Design (HEAD)
		Expert at the Department of Further Education, Ecole d'architecture, Strasburg
	2009	Expert at the EPFL (ENAC) for the MA module "Architecture and Construction"
	2009–2011	Private Lecturer at the EPFL: Architecture and Construction Department – La construction légère CCLab (Composite Constructing Laboratory) under Prof. Thomas Keller
	Since 2011	Professor of Design for the second-year Bachelor course at the Haute école d'ingénierie et d'architecture, Fribourg (HEIA-FR) on the theme of housing
	2011	SIA course on building renovation: "Leadership en rénovation", four-day further training course, repeated from 2012–2015
	2012	Expert for the third-year Bachelor course at the EPFL under Prof. Franz Graf

Olivier Galletti	1963	Born in Sion, the son of a mother passionate about literature and an entrepreneur
	1989	Graduated at the EPF Lausanne under Prof. Martin Steinmann
		Founded the office Galletti & Matter with Claude Anne-Marie Matter
	1993	Member of the Swiss Register of Architects REG A
	1996	Member of the Federation of Swiss Architects (BSA)
	1999–2000	Committee Member of the Swiss Society of Engineers and Architects (SIA)
	2003–2004	President of the Romandy Section of the BSA
	2007–2015	Cantonal Architect of the Canton of Valais (leaving the office Galletti & Matter)
		Member of over 90 competition juries, 70 of which as Jury President in the capacity of Cantonal Architect. The jury worked on highly contrasting questions, e.g. schools, public spaces, facilities for in and outpatient healthcare, as well as prisons, judicial buildings and alpine huts.
		President or member of various committees studying historical sites and buildings, especially with structures of national significance, such as the Valeria Basilica in Sion and the Martolet ensemble in Saint-Maurice VS.
	2015	Completed term as Cantonal Architect and rejoined the office Galletti & Matter

Teaching

| | 2006/07 | Guest Professor together with Claude Matter, Winter Semester at the EPFL, ENAC Department (Environment, Architecture and Construction) |
| | Since 2017 | Professor of Construction in the third-year Bachelor course at the Haute école d'ingénierie et d'architecture, Fribourg (HEIA-FR) |

Mitarbeitende / Collaborators (seit 1989 / since 1989)		Simon Wetzel, Ulf Moewes, Daniel Lutz, Johannes Corpateaux, Laurent Turin, Christine Matter, Anne-Claire Schwab, Petra Hirsch, Karine Zufferey, Fatima Almeida, Gerard Diesner, Veruska Pisoni, Catherine Mancusi, Jacques Dubey, Déborah Piccolo, Julien Grisel, Claudia Bétrisey, Grégoire Evequoz, Sylvain Ribaux, Iren Gaspar, Anne-Claude Moewes, Jean-Daniel Wyss, Karin Gallatti, Delphine Clavien, Cora Kwiatkowski, Mara Sciarini, Lukretia Berchtold, Veruska Pisoni, Omar Sharif AVS, Davide Cisternino, José-Antonio Ramos, Mariko Steeb, Marc Billamboz, Philippe Steiner, Julien Cottalorda, Vanda Costa, Anna Drygajlo, Nils Meulemans, Joëlle Cornuz, Stefan Christl, Karin Gromann, Arnaud Zein El Din, Tommaso Fiorini, José Manuel Vidal, Claudia Lethmate, Raphael Dessimoz, Cyril Lecoultre, Nicola Fritz, Rodrigo Mesa, Damien Renault, Baptiste Broillet, Nathalie Denimal, Pierre Cauderay, Cédric Liardet, Patrick Remund, Reto Oechslin, Ronan Schaff, Fanny Terrin, Alexandra Martin, Steven De Palézieux, Raphael Dessimoz, Jean Dal Borgo, Alexandros Fotakis, François Nantermod, Martha Mueller, Stefan Uhl, Bart Daniels, Servan Rejou, Diego Carriòn, Samuel Moinat, Annika Hansen, Catia Ferreira Sousa, Joanne Villa, Audrey Lambiel, Christina Ebisch, Cécile Fehlmann Weber, Christelle Brot Simon, Antje Köllner, Andrés Alejandro Silva Mayorga, Cédric Bongard, Hadrien Epiphani, Mickaël Minghetti, Mariana Barreira, Apolline Dubois, Robin Gevisier, Blerim Morina, Diogo Mota Sousa, Simon Palpacuer, Alba Oriana Bufo, David Abrantes Pinto, Cindy Carquillat, Gabriel Pointereau, Christophe Lakatos, Alison Walpen, Bouchta Baaiz, Violaine Gavuzzo, Erblin Jasiqi, Isabelle Stumptner, Julien Audemars, Mathias Evéquoz

Auszeichnungen / Awards	1992	*Distinction vaudoise d'architecture*
	1993	*Prix international Andrea Palladio*
	1993	*Distinction suisse béton*
	1998	*Die beste Architektur 10 vor 10* / Hochparterre, Hase in Silber
	2007/08	*Beste Renovierung* (Collège de Florissant; mit A. Dettling und J.-M. Péléraux), 1. Preis
	2015	*Prix Constructive Alps,* Wettbewerb um besonders dauerhafte Gebäude (Finalist mit 30 anderen Projekten aus mehr als 400 Kandidaten)

Ausstellungen / Exhibitions	1993	*Premio Internationale di Architettura Andrea Palladio*, Vicenza I
	1994	*Biennale d'Architecture*, Zaragoza E
		Prix béton Ecoles polytechniques, Lausanne/Zürich
		Bauten junger internationaler Architekten, Fontane Haus Berlin D
	2006	*Carte-Blanche*, Forum d'architecture, Lausanne
	2009	*Ici et le monde*, SAM (Schweizerisches Architekturmuseum), Basel
	2010	*Ici et le monde*, Maison de l'architecture Rhône-Alpes, Lyon F
		Archizoom, Ausstellung *Luigi Snozzi, professeur d'architecture*, im Rahmen ehemaliger Studenten der EPFL, Lausanne
	2015	Finalist des *Prix Constructive Alps 2015* (Umbau Maiensäss, Satarma, Evolène)
		Wanderausstellung *Prix Constructive Alps*
		6D Losanna, Cesena I, September

Vorträge / Lectures		*Claude Matter*
	2006	Polytechnische Universität Turin I, Professor Pierre-Alain Croset
	2012	Vorstellung der Transformation der ehemaligen Poliklinik, Lausanne im Seminar von Professor Zurbruegg *Construction et Durabilité VI* im Masterstudiengang Architektur der EPFL
	2014	Vortrag über *Die Renovierung der Gebäudehülle* im Rahmen des Herbstseminars des Collège suisse des experts architectes der Fondation de l'Hermitage
	2015	Tagung *6D Losanna*, organisiert von der APPA (l'Associazione Promozione Progetto Architettura), Cesena I
		Olivier Galletti
	2006	Polytechnische Universität Turin, Professor Pierre-Alain Croset
	2015	Tagung *6D Losanna*, organisiert von der APPA (l'Associazione Promozione Progetto Architettura), Cesena I

Bruno Marchand	1955	geboren in Porto, Portugal
(Textbeiträge / Articles)	1980	Architekturdiplom an der EPF Lausanne
	1992	Dissertation an der EPF Lausanne
	1997	Professor für Architekturtheorie an der EPF Lausanne
		Leiter des *Laboratoire de Théorie et d'Histoire de l'Architecture 2* (LTH2)
		und der Redaktionskonferenz der vom LTH2 geleiteten Zeitschrift matières.
	2001–2014	Partner im Büro DeLaMa, Genf
	2014–	Selbständige Tätigkeit, Erstellung von Studien im Bereich Regional-
		und Stadtplanung

Bibliografie / Bibliography	1990	Architekturszene der französischen Schweiz, in: Baumeister, Januar
	1991	Tout béton-tout bois, in: Faces Nr. 25. Genf
	1992	Portrait d'architecture vaudoise 1989–1991. Lausanne
	1993	Habitations Lausanne, in: Archithese Nr. 4
		Premio Internationale di Architettura Andrea Palladio. Mailand
		Prix d'architecture béton. Zürich
	1994	Logik der Funktion, in: Raum und Wohnen Nr. 4
	1995	Pavillon SIA Martigny, in: Faces Nr. 33. Genf
		Licht Bilder, in: Leonardo, März
	1996	Schulzentrum Fully, in: Archithese Nr. 2
		Schulzentrum Fully, in: Faces Nr. 41. Genf
	1997	Sensibler Umgang mit dem Ort, in: NZZ, 3. Oktober
	1998	La Romandie existe, in: Hochparterre, September
		Die besten 1998 – Architektur, in: Hochparterre, Dezember
		Schulzentrum Fully, in: Werk, Bauen + Wohnen, Dezember
	1999	Séquence bois, April
		Espace Gruyère. Paris
		5 Architektenporträts, in: Architektur & Wohnen, Sondernummer: Schweiz
	2000	Espace Gruyère, in: Werk, Bauen + Wohnen Nr. 1/2
		Drinnen. Draussen. Schule in Collombey Schweiz, in: Bauwelt Nr. 10
		Sekundarschule Collombey, in: AMC, März
		C.O. Collombey-Muraz, in: Deutsche Bauzeitschrift Nr. 3
		School building in Collombey, in: a+t Nr. 15
	2001	C.O. Collombey-Muraz, in: AV, Mai/Juni
	2003	Transluzente Materialien, in: Détail Praxis. Berlin 2003
	2004	Lemanique – Salle de sport Renens, in: Faces Nr. 54. Genf
	2005	Galletti & Matter architectes «Etat des lieux». Genf
		Galletti & Matter architectes «Collection of places». Basel/Boston
		Collège de la Carrière, Crissier. «Komposition mit Linde», in:
		Werk, Bauen + Wohnen, Nr. 11
		Collège de la Carrière, Crissier, in: CEM SUISSE, Jahresbericht des Fachverbands
		der Schweizerischen Kies- und Betonindustrie. Bern
	2006	Pavillon der Phoniatrie Lausanne, in: Werk, Bauen + Wohnen Nr. 12
		Collège de la Carrière à Crissier, in: IDEA.
	2007	Einfamilienhaus, Fully, in: Thomas Jantscher: Architecturefotografie. Colombier
		Le béton, groupement professionnel des architectes, in: LOCUS Nr. 5
		A la Cité, l'école de chimie a fait peau neuve sans effacer son passé, in: 24 Heures, 13. Juni
		Principes pour la conservation du patrimoine bâti en Suisse. In: Tracés, 19. September
	2008	Cabane de luxe en tôle, in: Idea 2
		Gebäude für industrielle Dienstleistungen, Nyon, in: Werk, Bauen + Wohnen Nr. 5
		House in Fully, in: House with a view.
	2009	Grundschule Saint-Gingolph, in: AMC, Sondernummer: Texture Pattern
		Archygraphi lémanique, in: Espace Contemporain, Juli/August
		Grundschule Saint-Gingolph, in Idea Nr. 3
		Oberflächenbehandlung beim Primarschulhaus (Primarschulhaus, Saint-Gingolph),
		in: Architektur & Technik Nr. 6
		VISO, «Hier und die Welt / Ici et le monde, Architecture en Rhône Alpes et en
		Romandie», Documentation suisse du bâtiment.

	2009	Hier und die Welt / Ici et le monde. Architecture en Rhône Alpes et en Romandie, in: SAM Nr. 8
		Schools, Primary School and Library, Transformation School and Gym
		Lausanne Jardins 2009, Carnet de route, «Ligne de vie», Association jardin urbain, Ecublens, 2009
	2010	Habitation Lausanne, «le naturel à l'honneur», in: Idea Nr. 3
		Nachhaltig avantgardistisch, in: Traumhaus Nr. 4
		Une maison à vivre, in: Espace Contemporain, September/Oktober
		«Coquille d'eau douce». Wohnhaus in Grandvaux, in: 24 Heures, 15. September
		La maison tatou. Gebäude mit zwei Wohnungen in Lausanne, in: Le Temps, 3. November
	2011	Prix Wakker 2011 aux communes de l'Ouest lausannois, in: Patrimoine. Zürich
		François Marthaler: La stratégie immobilière de l'Etat de Vaud, ligne directrice à l'horizon 2020, Lausanne
		Eine maison brute in feiner Verkleidung, in: Werk, Bauen + Wohnen Nr. 5
		En visite... guide des 72 visites architecturales 2006–2011. Sitten
	2012	Wie machen's die Walliser?, in: Hochparterre Nr. 5
		Une habitation réduite à l'essentiel, in: Espace Contemporain, März
		Habitation à deux appartements, Lausanne, in: AS architecture Suisse 186-7
	2013	Villa en béton et métal, empreintes végétales, in: VISO 2
		Réinterprétation moderne d'un mayen suisse, in: Ecomaison Bois 25
		Michelle Galindo / Sophie Steybe. Conversion of a stable, in: Chalets. Trendsetting Mountain Treasures, Braun Publishing, S. 214
		Für ein schickes Heidi, in: Wohnrevue
		La distinction de la SIA pour des réalisations durables et porteuses d'avenir; Satarma, transformation d'une grange écurie, in: Traces, Sondernummer Umsicht, Regards, Squardi
	2016	Constructive Alps, in: Hochparterre, Sondernummer: Anschmiegen / Donetailing old and new, November
		HEPIA Genf, «Paysage, architecture et homme», Maiensäss, Satarma, Adeline Streel
	2017	Let's play, Christiane Nill (Herausgeberin) und Lionel Henriod (Fotografie), Till Schaap Edition. Bern
		Auditorien der Universität Lausanne, in: Hochparterre Nr. 6-7
Fernsehbeiträge / Television reports	1992	*Portraits d'architectures vaudoises*, Lausanne
	1998	*La Romandie existe*: Reportage TV SSR
	2001	*Architectour de Suisse, Galletti & Matter architectes*: Reportage TV SSR
	2011	*Coquelicot et Canapé, Une maison verte*, 14 mai 2011, TSR1
		Interview sur le développement durable, dans le cadre de la 15n, Le journal du 03.05.2011 – L'actu et moi, La télé

Effekte, Reflexe

Bruno Marchand (Werkhof und Verwaltungsbüros, Nyon; in: Werk, Bauen + Wohnen Nr. 5, 2008, S. 64–65)

Oft üben die Zufälle der Entstehungsgeschichte eines Projekts einen entscheidenden Einfluss auf seinen endlichen Gehalt aus. Das Gebäude der «Services Industriels» in Nyon ist hierfür ein gutes Beispiel: Seit rund 20 Jahren geplant, war es Gegenstand mehrerer Projekte und 2000 dann auch eines Wettbewerbs, der für das Gebäude eine im Zentrum der Stadt gelegene Parzelle vorsah. Schliesslich wurde es aber in einer Industriezone im Nordwesten des Stadtgebiets von Nyon erstellt. Galletti & Matter, die Gewinner des Wettbewerbs, haben die neue Standortwahl vorteilhaft umgesetzt und dies trotz der Fragen, die eine solche Entscheidung und die entsprechenden Folgen nach sich zogen. Wie kann man in einem derartigen Kontext einem öffentlichen Gebäude einen repräsentativen Charakter verleihen? Soll man sich dazu klar von der heterogenen Architektur der Stadtperipherie abgrenzen, die aus einem Nebeneinander von Lagerschuppen, zweckgebundenen Hallen und Verwaltungssitzen mit all ihren Firmenschildern und Neonröhren oft von lebhafter Überschwänglichkeit) ohne ersichtliche Logik besteht? Oder soll man im Gegenteil diese Frage der Repräsentativität in eine ganz «andere» Interpretation desselben Kontextes einfliessen lassen?

Letztere Option schien den Architekten als natürlich, da sie sich schon immer darum bemüht haben, präzise Antworten auf einen Kontext zu finden – auf der ständigen Suche nach einer Integration bestehender Fragmente und danach trachtend, vielfältige Verbindungen zum Landschaftsraum zu knüpfen. Im vorliegenden Fall können wir allerdings einen wichtigen Wendepunkt erkennen, eine Art Radikalisierung und Öffnung ihres kontextuellen Ansatzes: Es handelt sich hier nicht mehr darum, wie bei ihren ersten Arbeiten eine Klassifizierung oder Hierarchie zwischen «guter» und «schlechter» Architektur zu erstellen oder, wie in einigen ihrer jüngsten Werke, eine Art Introversion und Ablehnung jeglichen Dialogs zu schaffen. Hier ging es nun darum, die ganze Realität, die das Projekt umgibt, vollumfänglich einzubeziehen und nichts auszuklammern.

Ohne sich explizit darauf zu beziehen, sind Galletti & Matter mit Venturi der Überzeugung, dass der Architekt die bestehende Landschaft einbeziehen und davon ausgehen muss, und diese vorweg vorurteilslos betrachten soll. Diese Gewissheit führt unweigerlich zu einem hybriden Diskurs, der zugleich einheitlich wie fragmentarisch ist und dessen Aussage, die aus den Wahrnehmungsbezügen zwischen den Dingen entsteht, sich grundsätzlich auf Probleme der Architektursprache konzentriert.

Die Suche nach Einheitlichkeit manifestiert sich in der Anwendung ein und derselben Farbe auf beinahe allen architektonischen Flächen und Elementen sowie in der Einfachheit der Form. Beim Gebäude der «Services Industriels» scheint das Ausschöpfen plastischer und morphologischer Ressourcen nicht im Vordergrund gestanden zu haben, da sich der Gebäudekörper auf eine einfache langgestreckte Schachtel reduziert, die die Lagerhalle und Werkstätten aufnimmt, mit einem erhöhten Körper auf der Seite der Zufahrtsstrasse, mit den Büros für die Verwaltung. Die Arbeit an der Gebäudehülle hingegen ist anspruchsvoller und spiegelt die situationsbedingten Unterschiede und die jeder Fassade zugewiesene Bedeutung.

Die seitlichen und rückseitigen Fassaden sind mit einer Wandverkleidung aus Blech versehen: ein Material, das auch bei einer der angrenzenden Industriehallen verwendet wurde. Der architektonische Ausdruck der beiden Gebäude ist allerdings nicht derselbe. Beiden «Services Industriels» schafft die Verwendung eines mikroperforierten Blechs eine Oberflächenvibration, zusätzlich betont durch den filigranen Anblick verschiedenfarbiger Isolationsplatten auf der dahinterliegenden Ebene. Dabei entsteht eine Moiré-Fläche, die ständig wechselnde Wahrnehmungen und die Konzentration des Blickes erzwingt.

Fragmentierte Landschaft

Dieses etwas rätselhafte Gefühl steht im Gegensatz zur offenherzigen Aufrichtigkeit der Fassade zur Strasse, die von vornherein durch zwei Eigenschaften geprägt wird, die ihre Repräsentativität verstärken: einerseits der Frontalität des Aufrisses, der als einzige Ebene behandelt wird und sich vom Rest des Gebäudes abhebt; andererseits die Vertikalität, die vom engen Rhythmus der Fensterrahmen erzeugt wird und die Hierarchie und den aufragenden Gestus des Gebauten verstärkt.

Von diesem frontalen Anblick gleitet man leicht zur schrägen Ansicht, die eine ganz andere, zugleich packende und dynamische Wirkung generiert. Auf Wunsch des Bauherrn der insbesondere Gebäude mit grossen reflektierenden Glasflächen schätzt) beschlossen die Architekten, mit Spiegelglas zu arbeiten – trotz des ihm kommerziellen und oft wenig ästhetischen Beigeschmacks, der diesem anhaftet.

Nutzen aus dem Reflexionspotential dieses Materials zu ziehen, läuft darauf hinaus, innovative Anwendungen auszudenken, und führte zur Fragmentierung der verglasten Felder in separate Einheiten mit wechselnder Neigung. Diese

---

Effets, reflets

Bruno Marchand (Entrepôts et bâtiment administratif, Nyon; in: Werk, Bauen + Wohnen N° 5 2008. Pages 64–65)

Souvent les aléas de l'historique d'un projet ont une influence déterminante sur sa teneur finale. Le cas du bâtiment des Services Industriels de Nyon en est un bon exemple : planifié depuis près de vingt ans, il a fait l'objet de plusieurs projets, d'un concours en 2000 le prévoyant dans une parcelle située au centre-ville, avant d'être finalement édifié dans une zone industrielle située au nord-ouest du territoire nyonnais.

Galletti & Matter, lauréats du concours, ont favorablement accueilli le choix de cette nouvelle implantation, malgré les questions que n'ont pas manqué de soulever une telle décision et les conséquences qu'elle a entraînées. En effet, comment peut-on, dans un tel contexte, conférer un caractère représentatif à un bâtiment public ? Doit-on clairement se démarquer de l'architecture hétérogène des zones périphériques constituées de la juxtaposition, sans logique apparente, de hangars, de halles utilitaires et de sièges administratifs (souvent d'une vive exubérance), avec leurs enseignes et leurs néons ? Ou, au contraire, doit-on cantonner cette question de la représentativité dans une interprétation « autre » de ce même contexte ?

Cette dernière option a semblé assez « naturelle » à des architectes qui s'appliquent depuis toujours à trouver des réponses précises au contexte, dans une quête constante des fragments existants et de tisser des liens multiples avec le paysage. Mais dans le cas présent, nous pouvons discerner une inflexion importante, une sorte de radicalisation et d'ouverture dans leur attitude contextuelle : il ne s'agit plus, comme dans leurs toutes premières réalisations, d'opérer une classification ou une hiérarchie entre la « bonne » et la « mauvaise » architecture, ou encore, comme dans certaines œuvres plus récentes, de créer une sorte d'introversion, de refus de dialogue ; il s'agit maintenant de tout prendre en compte, de ne rien exclure de la réalité qui entoure le projet.

Sans s'y référer explicitement, Galletti & Matter adhèrent à la conviction venturienne selon laquelle « l'architecte doit porter son regard sur le paysage existant et partir de lui, en le considérant d'abord sans jugement préconçu ». Cette conviction les oriente inévitablement vers un discours hybride, à la fois unitaire et fragmentaire, dont la narration, émanant des relations perceptives entre les choses, est centrée essentiellement sur des problèmes de langage architectural.

La recherche d'unité repose sur l'application de la même couleur à presque toutes les surfaces et éléments architecturaux, et sur la simplicité de la forme. Dans le bâtiment des S.I., l'exploitation des ressources plastique et morphologique ne semble pas représenter un enjeu majeur, le volume se réduisant à une simple boîte allongée qui contient les hangars et les ateliers et dont un rehaussement du côté de la route d'accès accueille les fonctions administratives. En revanche, le travail sur l'enveloppe s'avère plus sophistiqué, se différenciant selon les situations et les significations qu'on veut attribuer à chaque façade.

Les façades latérales et arrière sont revêtues d'un bardage en tôle métallique, matériau employé aussi dans l'une des halles industrielles attenantes. L'expression architecturale des deux bâtiments n'est pourtant pas la même : dans les S.I., l'utilisation d'une tôle micro perforée crée une vibration de surface accentuée encore par la vue, en filigrane, d'un jeu de plaques d'isolation aux couleurs différentes, situées en deuxième plan. L'effet final est celui d'un moirage qui engendre des perceptions toujours changeantes et qui force à la concentration du regard.

Ce sentiment un peu énigmatique tranche avec l'apparente franchise de la façade sur rue, caractérisée au prime abord par deux qualités qui renforcent sa représentativité : d'une part la frontalité, l'élévation étant traitée comme un plan unique, dissociée du reste du bâtiment : d'autre part, la verticalité, induite par le rythme resserré de meneaux qui encadrent les pans vitrés et qui renforcent l'effet de hiérarchie et d'élancement du bâti.

De cette vue frontale, on dérive aisément vers une perception oblique qui génère un effet de tout autre nature, à la fois saisissant et dynamique. Accédant au souhait du maître d'ouvrage (qui apprécie tout particulièrement les bâtiments munis de grands pans de verre réfléchissants), les architectes ont en effet décidé de travailler avec des verres en « miroir », malgré leur connotation commerciale et souvent peu esthétique.

Tirer parti du potentiel de réflexion de ce matériau revient à imaginer des dispositifs innovants, et les a donc amenés à adopter un principe de fragmentation des pans vitrés en unités distinctes, inclinées de façon alternée. Cette mise en œuvre particulière confère immédiatement une plasticité aux meneaux dont l'image apparaît maintenant découpée en portions obliques et contrastées ; de même, elle engendre tout un jeu de regards qui, partant de la décomposition du réel, crée un espace imaginaire, multiple et complexe, constitué par l'association inédite de fragments divers. En effet, ces verres inclinés recomposent l'environnement avec des résultats surprenants, les vues partielles des crêtes du Jura, d'une ferme ou d'un champ agricole côtoyant celle d'une fraction de poteau de signalétique

spezielle Ausführung verleiht den Fensterpfosten eine unvermittelte Plastizität und teilt die Glasfläche in schiefe und kontrastierende Portionen auf. Zudem schafft sie eine ganze Palette überraschender Ansichten, die, von der Aufgliederung des Realen ausgehend, aus der immer wieder neuen Verbindung unterschiedlicher Fragmente einen imaginären, vielteiligen, und komplexen Raum entstehen lassen. Tatsächlich setzen diese geneigten Glasflächen die Umwelt neu zusammen und dies mit erstaunlichen Resultaten – Teilansichten der Jurahöhen oder eines Bauernhofs Seite an Seite mit dem Fragment des Pfosten eines Strassenschildes oder eines Teils einer Metallverkleidung – ein Mosaik aus gerahmten Bildern, das uns auf suggestive Weise die Heterogenität der umliegenden Landschaften aufzeigt.
Effekte, Reflexe, Spiegelungen und Moirés werden so zu einem integralen Teil der wesentlichen Eigenschaften dieses architektonischen Objekts und liefern den Nährboden für eine Architektursprache, die aufzuzeigen versucht, dass das Gebäude der SI ähnlich wie die anderen Industriebauten ist, aber eben doch nicht ganz gleich...
(Übersetzung: Suzanne Leu)

routière ou d'une portion de bardage métallique – une mosaïque d'images encadrées qui nous dévoilent, de façon suggestive, l'hétérogénéité des paysages périphériques. Effets, reflets, miroitements, moirages font ainsi partie intégrante des qualités essentielles de cet objet architectural et constituent la condition nécessaire d'un langage architectural qui essaie d'attester que le bâtiment des S.I. est un peu comme les autres bâtiments industriels mais pas complètement...

« La liberté, ce n'est pas que tout est possible, c'est qu'on décide de le faire » Yona Friedman.
Un grand merci à Heinz, Linus, Antonia et à Anna Maria. Ce sont des magiciens de la vie. Merci à chacun pour leurs publications, leur patience et le moment d'émotion partagée. Sans eux, nous n'aurions pas pu faire un retour sur notre travail, autrement dit, sur notre recherche patiente.
Merci aux magiciens que sont tous les acteurs pour le rôle qu'ils ont joué : les partenaires, collaborateurs, amis, soutiens moraux, ingénieux ingénieurs, maîtres d'ouvrage, rédacteurs de normes, historiens, techniciens, ouvriers, entrepreneurs, politiciens, rétracteurs, utilisateurs, photographes, cinéastes, journalistes... tous ceux qui participent à notre art de vivre. Et à mes étudiants qui m'ont donné l'énergie d'avancer, bref, à tous ces acteurs qui nous amènent à un consensus : « L'utopie, avec le consensus, devient réalisable » (Yona Friedman)

Claude Matter, juillet 2017

Quart Verlag Luzern / Quart Publishers Lucerne

De aedibus – Zeitgenössische Architekten und ihre Bauten / Contemporary architects and their buildings

Quart Verlag GmbH, Heinz Wirz; Verlag für Architektur und Kunst
Denkmalstrasse 2, CH-6006 Luzern; books@quart.ch, www.quart.ch

Finanzielle und ideelle Unterstützung
Financial and conceptual support

Ein besonderer Dank gilt den Institutionen und Sponsorfirmen, deren finanzielle Unterstützungen wesentlich zum Entstehen dieser Buchreihe beitragen. Ihr kulturelles Engagement ermöglicht ein fruchtbares und freundschaftliches Zusammenwirken von Baukultur und Bauwirtschaft.

Special thanks to our sponsors and institutions whose financial support has helped us so much with the production of this series of books. Their cultural commitment is a valuable contribution to fruitful and cordial collaboration between the culture and economics of architecture.

Schweizerische Eidgenossenschaft
Confédération suisse
Confederazione Svizzera
Confederaziun svizra

Eidgenössisches Departement des Innern EDI
Département fédéral de l'intérieur DFI
Dipartimento federale dell'interno DFI
Departament federal da l'intern DFI
Bundesamt für Kultur BAK
Office fédéral de la culture OFC
Ufficio federale della cultura UFC
Uffizi federal da cultura UFC

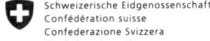
Alain Rochat Sarl
Villars-Sainte-Croix

Bertholet + Mathis SA, Lausanne

Bitz & Savoye SA, Sion

Charpente Concept
Morges / Genève / Paris

CHUV – Centre hospitalier
universitaire vaudois, Lausanne

COLAS SUISSE SA,
Succursale de Crissier

Création Baumann AG, Langenthal

Dénériaz SA, Lausanne

DVG Sàrl, Crissier

Favorol Papaux SA, Treyvaux

Fleury Sanitaire SA, Lausanne

Grisoni-Zaugg SA
Saint-Légier-La Chiésaz

Groupe technique H2, Ecublens

Orllati

JDG Sanitaire SA
Le Mont-sur-Lausanne

Jean-Jaques Pahud SA, Lausanne

Kurmann & Cretton Ingénieurs SA
Monthey

Marchéchaux Electricité SA, Crissier

Menuiserie Ducommun SA
Lausanne

MP Ingénieurs Conseils SA, Crissier

Plafonmetal SA, Le Mont-sur-Lausanne

P. Gamboni SA, Pully

Prébéva SA, Evionnaz

rlj. ingénieurs conseils sa, Penthalaz

(Conrad) Rombaldi SA, Sion

Roland Forney & Fils SA, Lausanne

Thierry Pittet Peinture Sàrl
Echallens

Weinmann Energies SA, Echallens